評伝 日本の経済思想

大久保利通

国権の道は経済から

落合 功

日本経済評論社

目次

大久保利通肖像

明治６年フランスのパリで撮影したもの。最初で最後の洋行に大久保は多くの経験をして帰国した。

出典：日本史籍協会編『大久保利通　第九巻』1929年（1969年覆刻、東京大学出版会）

勧業博覧会関係職員

密、楠本正隆など大久保を支える多くの名士が一堂に会した。

明治10年第１回内国

中央に総裁内務卿大久保利通が居て（右頁）、松方正義、河瀬秀治、前島

日本史籍協会編『大久保利通　第九巻』1929年（1969年覆刻、東京大学出版会）

大久保利通の墓（港区青山霊園）

青山霊園の中でも巨大な墓。重野安繹の撰文を金井之恭が書いた「哀悼碑」が隣接してある。

序章　利通斬殺

1　明治一一年五月一四日

大久保の夢

明治一一年五月一四日、その日は太政官で陸海軍将校への勲章授与式があった。このため、大久保利通は二頭立の箱馬車に乗り、赤坂仮御所のある太政官へと向かっていた。裏霞ケ関にある自邸を出発したのは朝八時のことである。

その日の朝、書生風の男が玄関に訪問していた。その男は、大久保が直接内務省に行くのかということを尋ねに来ていた。この時応対した者は、一度太政官へ参朝したのちに出省すると答えたという。

この書生風の男が来訪したのと同じころ、大久保は福島県令の山吉盛典と面会していた。山吉は任地である福島に再び戻るため、別離の挨拶を兼ねて大久保邸を訪ねていた。山吉は、早朝六時ごろに訪問し、しばし意見交換を重ねた。このとき大久保は福島県下の安積疎水や開墾事業の殖産事業の方策を展望している。

八時近くになったため、山吉は座を立とうとすると、大久保はわざわざ引き留めて「明治元年からこの十年間の日本は創業の時代であった。なにもかも初めてのことばかりで、しかも内乱が多かった。それもようやく落ち着きをみせるに至った。これから先の十年が大事な時期で、内治を整え民産を殖す時期である。これは自分が内務に尽力するつもりである。さらに先の十年は、優秀な後輩があとを継ぐことになるだろう」と語ったという（「済世遺言」『大久保利通文書』一六七〇、以下『文書』）。

幕末の喧騒から、戊辰戦争、士族の叛乱、西南戦争など、連続した一連の混乱から抜け出し、ようやく明治国家は落ち着きを取り戻してきた。内政では廃藩置県が済み、外政も遣外使節の一員として海外の国々を歴訪し、北は、榎本武揚を通じてロシアと樺太・千島交換条約を結び（明治八年）、南は大久保自らが北京に出向き台湾問題を解決した（明治七年）。さらに黒田清隆と井上馨を派遣し、朝鮮との間では日朝修好条規を結んだ（明治九年）。隣国との関係も一定度落ち着いた情勢のもと、大久保は条約改正の問題解決と内政に尽力しようと意気込んでいたのである。そんな矢先のことである。

午前八時三〇分

千代田区紀尾井町といえば、現在の上智大学の側面を降りたところである。江戸時代、紀州藩屋敷、尾張藩屋敷、井伊（彦根藩）屋敷があったことから紀尾井町と呼ばれた。上智大学脇の坂道が紀尾井坂で、その降り切った横の弁慶橋までの低地が清水谷である。幕末までこの付近の道は、名木が立ち並んでいたが、明治維新になると全てが伐採され、桑や茶の木がある程度で、見通しはよかった（高崎鞆之助「当時の紀尾井町」佐々木克監修『大久保利通』講談社学術文庫、以下『大久保利通』講談社）。大名屋敷の裏手で、掘割りの沿ったところから高台へと登る坂道のある紀尾井坂の手前清水谷公園（当時、北白川宮邸裏手）の付近に差し掛かった時のことである。その時間は午前八時二〇分。

二人の若者が撫子《なでしこ》の花を持ち、ふらふらと歩いていた。馬車を先導する馬丁（芳蔵）は、彼らを横目で見やりながら通過していった。そして大久保を乗せた馬車が近づいてきた。その時一人が、突然、撫子の花を投げ放った。これが襲撃の合図だった。男は、隠し持っていた刀を抜き左の馬の足を刀で払った。馬は驚き、もんどりうって倒れた。一頭は即死し、もう一頭は重傷となり倒れ、箱馬車は横転して止まった。そして四人の男が傍らの板塀から現れたのである。

御者であった中村太郎は三太刀で殺害された。「乱暴者」と叫びながら身をおどらせ飛び降りようとした時、肩先より胸の下にかけて袈裟懸けで斬り下げられたのだ。大久保は箱馬車を蹴飛ばし降りようとした。その時、いやそれよりも先にすでにめった刺しに刺された。頭上から下に真っ向から二太刀、一太刀は右から左に喉を突き貫いた。背中に一カ所、腹に一カ所、足に一カ所（右の足に二カ所ともいわれる）斬り付けられた。さらに大久保は、刀を握ったようで左右の掌にも傷が残された。ほかにも数カ所斬られた。傷口は一七カ所にも及んでいる。

先行していた馬丁の芳蔵は、この凶事を見ると一目散に走り出し、宮内省に駆け込み警部巡査を呼んでいる。この行動はかねてからの打ち合わせ通りのことである。万一の時には芳蔵が伝達に走ることになっていた。しかし、警部巡査が駆けつけた時には、血塗りの刀が路傍に投げ捨てられてあった。

駅逓長官として郵政事業に尽力し「郵政の父」といわれた前島密は、この時、大久保の指揮の下、内務省で駅逓局長や勧農局長を務めていた（日本史籍協会編『百官履歴二』東京大学出版会、一九二八年）。この前島が駆けつけた時には、大久保はからだ中血まみれの状態で路上に倒れていた。脳は砕けていたが、まだピクピクと動いていたという（前島密「大久保公の el」『大久保利通』講談社）。ほぼ即死であった。そして路上には島田たちが合図で使ったといわれる、撫子と血塗りの刀が残されていた。その後、死骸は毛布で包み宮内省に運ばれ、さらに馬車に乗せて自邸に送られた。この大久保暗殺の一件のことを紀尾井坂の変という。

暗殺者たち

殺害した六名は悠々と宮内省に行き、大久保利通の殺害を告げた。その六名とは石川県士族島田一郎（三一歳）を始めとした、長連豪《ちょうつらひで》（二四歳）、杉本乙菊《おときく》（二八歳）、脇田巧一《こういち》（二八歳）、杉村文一（一七歳）、そして島根県士族浅井寿篤《じゅとく》（二五歳）である。彼らは金沢市にある三光寺で会合し、三光寺派とも呼ばれるメンバーであった。金沢市の山麓に六名の墓碑が残されている。この墓は明治志士敬賛会が昭和五年五月に建立したものである。

話を戻そう。彼らは薄笑いを浮かべ、斬奸状をふところに携えていた。彼らは、すぐに宮内省から警視局第三課へ送致されることになる。

大久保利通の殺害の様子について、様々な報道などを総合したものである。誰も現場を目撃した人はいないのだから、恐らく脚色もあるのだろう。その真実は定かでない。五月一七日の『郵便報知新聞』の記述によると、撫子を持ちつつ、詩吟を詠みながら馬車の前を通過しようとした浅黄木綿の衣を着した一人の男が突然抜刀して馬車に向かったとされている。『横浜毎日新聞』によれば、当時現場では書生体の男子二人が躑躅花《つつじはな》を持ち戯れていた。この二人が馬車に近寄ると、草むらから四人寄ってきて、六人が突然脇差を抜き取り馬車に駆け寄り、大久保を馬車から引きずり出して殺害したのだといわれる。

この大久保利通の殺害の経緯は、遠矢浩規『利通暗殺』や、我妻栄編「大久保利通暗殺事件」

（『日本政治裁判史録』第一法規出版、一九六八年）に詳しい。関心のある方は参照して欲しい。

2　死を賭してまで

殺す側の論理

人は誰もが畳の上で死にたいと思うだろう。もちろん、畳の上で死ぬというのはたとえ話である。ただ、人には命を賭して向かい合わねばならないこともある。殺す殺されるという関係は、人と人との意志によって向き合うものなのだ。だから、殺されるには殺されるなりの理由があるし、殺す側も殺すなりの理由がある。もちろん、だからといって、殺す人を正当化するつもりはないし、殺される人を否定するつもりもない。暗殺などあってはいけないことである。

誰もが殺されたいとは思っていないだろうが、当然、殺されることが予想されるとしても、意を決して断行しなければいけないという政治的決断があるのだろう。「テロに屈しない」というのは言うは易し行うは難しである。逆にこうした強い政治的決断に対して困る人もいる。

六人の刺客は道筋の下見や馬車の確認など準備は周到であった。また殺害予告もなされていた。『郵便報知新聞』によると、宮内省で自首に及んだ際、懐中にあった斬奸状を提出したともいわれるし、また『朝野新聞』によれば、当日午後三時に投書箱を開くといくつかの投書の一つに小石川水道町に在住している梅本六助と称した斬奸状があったことが記されている。投函したのは木村致英と名前は異なるが、基本的には事実で、島田一郎と長連豪が木村致英に託して郵便箱へ投函してもらったものである。尋問に際し、島田一郎自身はこのことを伏せていたが、木村自身が告白している（『文書』付録二二）。大久保の殺害を聞き、この事件に直接関係しない高知県の士族だった堀田清之助も自ら関係しているとして出頭している（『郵便報知新聞』昭和一一年五月一六日）。

殺される側の論理

『郵便報知新聞』によると「長連豪始め五人の兇徒は兼て野蛮頑固の聞えありしに、此頃同県を出立せし噂あるにより、該県よりは其筋へ両三日跡云々に付注意あるべしと通信ありたるよし」と、すでに大久保の身辺には事前に危険を予見し、伝えられていた。また、一党の一人である島田一郎は大久保のもとに予告書を送ったともいわれている。しかし、大久保は決して動じることはなかった。かつて、征韓論の議論に際し、下野した連中が大久保を憎み刺殺を謀るのではないかと心配し、警戒する必要があるという忠告があった。この時、大久保は過剰な警護を拒絶したという話が残されている。大久保は海軍中将であった榎本武揚に対し「政論のために斃るるは、覚悟の事にて、努更巡査兵隊の保護を仰ぐべしとは存せず」と述べたといわれる（『郵便報知新聞』明治一一年五月一七日）。

明治三年七月一七日の大久保の『大久保利通日記』（以下『日記』）を参照すると、「十七日、今朝静岡より遊歴……一大事之件大久保《（一翁）》、山岡之伝言有之、旨趣は草莽士等煽動することにて、兵を起し政府を一変するの小子を暗殺するのと云々有之」と記載されている。こうした自身の暗殺計画に対し、大久保は決して動じることはなかった。この時大久保は、岩倉に手紙を送り、「此に至り、我輩之大罪と反省仕候」と、むしろ自戒している（『文書』四八二）。

結果的にではあるが、多くの仲間を死に追いやった大久保は、このような死に様を覚悟していたのかもしれない。大久保が帰国した直後（明治六年五月）、面会した安場保和（当時愛知県令）は、当時の大久保を回想し「公の人品が変化」したと述べている（「洋行後の甲東」『甲東逸話』）。明治六年征韓論争で政局は難航を極め、参議就任を固辞していた大久保が、一〇月一〇日、とうとう就任を決意した時のことである。その直前の息子に宛てた手紙には「此難に斃れて、もって無量之天恩に報答奉らんと一決いたし候」（『文書』七〇三）と、朽ち果てるまでやり遂げる決意を表明している。以後、征韓論を一蹴し、内務省を創設し、不平士族の叛乱を平定した。有司専制と批判にさらされながらも、大久保は政治改革に邁進した。

こんな話が残されている。大久保が殺害される三日前、前島密が大久保の屋敷で晩餐を共にした時のことである。「前島さん、私は昨夕変な夢を見た。なんでも西郷と言い争って、終いには格闘したが、私は西郷に追われて高い崖から落ちた。脳をひどく石に打ちつけて脳が砕けてしまった。自分の脳が砕けてピクピク動いているのがアリアリと見えた……」（「大久保公の俤」『大久保利通』講談社）と、大久保が前島に語っている。この話は、前島の回顧録である。だから、内容の真実には吟味が必要であろう。ただ、大久保は心の底で自身も殺害されることを想像していたのかもしれない。もしかしたら、願望として持っていたかもしれない。

幕末から維新、大久保が身をおいていた時代、殺害されるかもしれないというリスクを気にかけていては日常の仕事をこなすことはできなかったのだろう。「従容として日常を務むべし」自分が殺害されるという非現実のことには気にもかけず、維新改革の激動という日常を淡々と消化するのが大久保の姿勢であったのだ。

3　巨大な蝉が鳴きやむように

巨星墜つ

正直、死に様はどうでもよい。ただいえることは、大久保利通という人物が四九歳という若さで殺害されたという事実である。当時の大久保は明治政府の頂点に位置していた。大久保を頂点にした有力者と官僚（役人）を中心に専制政治を展開していた。このことが不平士族にとって批判の対象にもなっていた。この時期のことを現在、大久保政権、大久保独裁などと評価される。当時、大久保は参議兼内務卿であった。首相でもなく、将軍でもなかった。だけど、確かに大久保が当時の政治を動かしていた。まさに巨星墜つというところである。大久保の遭難直後の五月二五日、風刺画『団団珍聞』では、巨象が斃れて混乱している様子が描かれている（湯本豪一編『図説　明治人物事典』紀伊國屋書店、二〇〇〇年）。

大久保死去の報は、国内のみならず世界にまで広がった。ロンドンタイムス誌には、「……日本の首相大久保氏が参朝の途上六名の刺客に暗殺せられしと聞けり、氏は日本維新の鴻業にあたりて大に力あり、ことに平生改進を主張して旧弊を洗除し、又客歳の内乱を鎮定せし功臣の一人なれば、其旧習家の憎みを受くること甚しく……大久保氏は一八七三年欧州に来れり、其豪邁正直にして度量の大なる見識の高き、今に至るまで人猶風采を追想せざるものなし、氏の死は日本全国の不幸と謂うべし」と、大久保を高く評価し、死を悼んでいる（『文書』付録一二）。また『郵便報知新聞』によれば、「井伊元老の桜田の事など思い出での哀れに覚え、書き綴る事も跡や先きになりぬ……」と、桜田門外の変にあわせて論述している。

テロから言論へ

明治維新の幕開けは、桜田門外の変からといってもよいだろう。後述するが、薩摩の地で桜田門外の変の指揮を振ったのは大久保利通であった。桜田門外の変では、「斬奸趣意書」を携え、井伊直弼を暗殺した。明治維新は暗殺の歴史ともいえるかもしれない。以来、幕末期では、佐久間象山、坂本龍馬、中岡慎太郎、そして維新期になると、大村益次郎や広沢真臣が殺害された。

明治七年、岩倉具視もまた襲撃を受け負傷をしている（赤坂喰違の変）。そしてこの大久保の殺害によって、こうした暗殺の歴史はひとまず幕を閉じることになる。大久保もまた、斬奸状を携えた島田一郎らによって暗殺された。ある意味、皮肉な結末ともいえるだろう。以後、政治への対抗手段はテロではなく、新聞の登場・普及と共に「言論」という新たな武器に移っていく。自由民権運動がそれである。

少し比喩的に述べておこう。明治維新は季節にたとえると真夏である。熱くギラギラとした灼熱の太陽の下、泣き叫ぶ蟬は、あたかも志士のようである。ひときわ高く、その存在を示すかのように鳴き続けるが短命だ。とりわけ大きな蟬が、大久保利通であった。初夏から真夏を経て残暑の厳しい中、力一杯鳴き続けた蟬が突然落命した。以後、実り多き収穫と冬の準備が交錯する秋が到来する。私は、大久保の歴史的存在について、こんな風に感じている。大久保が路上で暗殺された前年（明治一〇年）の五月二六日、木戸孝允が病床で死去した。西郷隆盛が西南戦争の結果、自刃したのは同年九月二四日のことである。それぞれ死に様も違うが、約一年のうちに明治維新を創造した三人は亡くなった。

大久保の死は、幕末から明治維新の揺籃期に終わりを告げた時期でもあった。この動乱の時代、大久保がどのように駆け抜けていったか、また大久保の目指した国家像はどのようなものであったか。そして、どのように思想を変えていったか、本書で展望することができればと考える。

第1章　薩摩藩士大久保利通

1　人生波高し

加治屋町で生まれる

天保元年八月一〇日、大久保は小姓組大久保次右衛門利世の長男として生まれた。初名は正助、後に一蔵（市蔵）、利通と改められた。号名は甲東と呼ぶ。この甲東のゆえんは、鹿児島甲突川の東に住んでいたことによるといわれる。

薩摩藩にはならわしがあり、各郷がそれぞれで文武を競い合うことになっていた。他郷の壮者と交流することが禁じられ、郷中といわれた青年結社が存在し、郷中に遊戯場や練武場や学校があり、親密な付き合いをすることになる。そして、この郷中には、三歳年上の西郷隆盛（以下、西郷と呼ぶことにする）を初めとして、大山巌、西郷従道、東郷平八郎など幕末から維新期にかけて活躍した人物がいた。なかでも親友は西郷隆盛で「これは兄弟より以上であった。西郷さんは大抵毎日公《（大久保）》の家へ来ていて、夜は今の一時二時頃までなにかしら話をしている。西郷が来ぬ時には公が西郷の家へ行く。この二人の一緒におらぬことは稀であった」という話が残されている（石原きち・山田すま・石原みね・前田いち「少年時代」『大久保利通』講談社）。子供の時、赤穂義士討ち入りの晩には『義臣伝』を読み、さらに島津義弘の虎狩りの話など多くの武勇伝を読んだという。

若いころの大久保利通

幼年時代、天王組という組織があり、大久保はその中心として指揮したという話が残されているが、『大久保利通言行録』によれば、それは大久保の幼年時代を偶像化するための作り話だそうである。そう考えると、大久保の幼年時代を知る手掛かりはほとんどない。

こんな話が残されている。大久保の三人の妹と姪による回顧録である（石原きち他「少年時代」）。大久保は湯治好きである。若い時家族で行くことが多かった。大久保が入来温泉に行った時、岩間から吹き出る熱湯を止め冷水を注いだり、逆に熱湯を注いだりしたというのである。木の葉や石などを集めて湯治場に投げ入れたこともあった。桜島の噴火口に石を落とすと、山霊の祟りがあるといわれるが、大久保はおかまいなしに石を投げ込んでいたそうである。こんなつまらなく悪質な悪さも、「天真爛漫」「腕白児」と評価されている（「腕白児」「父子老の放任主義」『甲東逸話』）。まあ、有名になるとこんな感じで顕彰されるものなのだろう。

さて、大久保が一七歳であった弘化三年、藩の記録所書役助（書記補）となった。そして嘉永元年には系図御家譜編集別勤改書役を命じられている。また、同じ時期、大久保は横山安容の門をくぐり藩学を、さらに成田正右衛門の門をくぐり西洋流砲術を勉強している。下級武士ではあったが、その生活は平穏であった。

斉彬擁立計画――お由良騒動(1)――

嘉永二年、大久保家に激震が走った。藩主島津斉興の側室岡田氏（お由良の方）が自身の子久光を藩主の跡を継がせようとして、嫡男であった斉彬を退けようとしたのである（『甲東逸話』）。この動きに反発し、近藤隆左衛門、山田一郎左衛門、高崎五郎右衛門などが主導し、世子斉彬を擁立しようとした。お由良騒動である。

このお由良騒動は、単なる跡目争いではなかった。島津斉彬は幕末の開国の問題を、国家の問題としてとらえ、積極的な軍事力充実、諸体制の近代化の推進を主張していた。このため、御家第一主義や、世界を展望できない保守派を批判していた。それに対し、調所広郷を中心とする保守派の立場は、財政窮乏の藩財政をようやく建て直したという自負があった。このため、保守派としては洋癖な斉彬が跡を継ぐことで、冗費を用いて藩財政が再び窮乏に陥ることを危惧したのである。よって、保守的な藩主斉興もまた久光を担ごうとし、急進的な斉彬支持派を弾圧しようとしたのである（宮野『大久保利通』）。

嘉永元年一二月三日のことである。斉彬擁立が露顕した。高崎五郎右衛門以下一三名が切腹を命じられ、一七名が遠島（島流し）に処せられた。この騒動は、高崎崩れ（お由良騒動）といわれる。大久保の『日記』によれば、一一月下旬、叔父の皆吉金六や税所喜三左衛門などと共に家族で桜島温泉に湯治していた時、高崎五郎右衛門が頻繁に父利世のもとに通ってきて、夜遅くまで談合している。具体的にどのような話が交わされたのかはわからないが、事件の発覚直前まで大久保の父利世と意見を交わしていることは、その付き合いの深さを察することができるだろう。

父利世の島流し——お由良騒動(2)——

嘉永三年四月八日、大久保利通の父利世は斉彬を擁護したとし、沖永良部島へ流されることになった。実際に行くのは一〇月四日のことで、それまでは座敷牢に処せられている。大久保自身も免職になり、病気の母と三人の幼妹の家族五人が取り残されたのである。

この一件で交際を遠慮していた亡姉の嫁ぎ先であった新納家から三両ほどの借金を行うなどして、ようやく生活が維持された。嘉永四年六月にも商人である森山与兵衛から一四両以上もの借金をした。本来毎年五両を三年賦で支払うことになっていたが、安政元年には借金の未払い分の日延べを願い出ている。大久保の書状には「赤面共何とも申上様も無之次第」と恥入る様子を文面に認めている（『文書』一二）。大久保自身が役に復した直後も借金を願い出ており「胸中にも恥入候得ども全く左様の訳も無之」（『文書』一六七三）などという文言が散見される。大久保は当時二〇歳であったが、苦しい思いをしながら、一家を支えぬく責任感と、その苦しさを家族に振り向けない忍耐力をうかがうことができるだろう。

この時期、大久保は同郷の西郷隆盛、伊地知正治、吉井友実、海江田信義などと共に勉強会をしている。朱子学の思想書『近思録』や陽明学の思想書『伝習録』を輪読した。特に陽明学の思想は、幕府の王覇の区別を明らかにし、将軍よりも天皇の方が尊いことを示し、「知行合一」を行動指針とするものであった。こうした若い時の生活が大久保の人格形成や尊王思想を形成したのである。

敬愛する主君の下で――薩摩藩主　島津斉彬――

嘉永三年一二月三日、老中阿部正弘のもと雄藩連合を展望していた幕府は島津斉興に対し琉球処分の報告が不充分であるとし引退を促した。これを受け、翌年二月二日斉興は隠居し、斉彬が新たな薩摩藩主に就くことになったのである。

島津斉彬は、高野長英などの洋学者とも交流があったばかりでなく、老中阿部正弘、水戸藩徳川斉昭、越前藩松平慶永、尾張藩徳川慶恕、土佐藩山内容堂、宇和島藩伊達宗城などとも交際があり、「英明近世の第一人者」ともいわれた。そして安政改革と呼ばれる藩内殖産興業政策を推進したのである。そして、常平倉を各所に設置し、米価の調整を図ると共に、調所広郷が実施した砂糖専売制を踏襲強化した。さらに、洋式軍艦の造船事業や溶鉱炉などの造兵事業、さらには洋式紡織にまで力を入れた。他方、幕府への発言力を強めていく。とりわけ、将軍継嗣問題では松平慶永らと一橋慶喜の擁立運動を展開し、門閥譜代の代表で血脈の正当性から慶福を主張する彦根藩主井伊直弼と激しく対立した（宮野『大久保利通』）。このような藩主斉彬が天下を指揮する姿は、若い大久保や西郷にとって胸躍るものであったに違いない。

嘉永六年五月、大久保は斉彬に代替りしたことで記録所に復職し、その後、御蔵役になり、地方年貢米の管理に当たっている。また、安政二年には父利世が沖永良部島から帰ってきた。こうして、大久保家にも再び活気を取り戻すことになる。

同じ時期の安政元年、西郷隆盛はお庭方に採用された。お庭方とは、江戸の町で他藩の藩士たちと交流しながら意見をまとめて藩主に報告する役目であった。この時西郷は橋本左内（越前藩）や大久保要（土浦藩）などとも親しく交際している。

安政四年一一月、大久保は西郷と共に徒目付に任命された。名を正助から一蔵と改めたのもこのころである（宮野『大久保利通』）。しかし、こうした日々は長く続かなかった。安政五年七月、島津斉彬は天保山で城下諸隊の大演習を実施していたが、その直後、体調を崩し、亡くなってしまった。赤痢とされ、急逝であった。まだ五〇歳のことである。

斉彬突然の死と安政の大獄

島津斉彬が死去する直前のことである。七月五日には徳川斉昭（元水戸藩主、慶喜の父）は押掛け登城を理由に急度慎（謹慎）、当時水戸藩主徳川慶篤と慶喜は登城停止、尾張藩主徳川慶恕、越前藩主松平慶永にも隠居や急度慎が命じられている。このように、斉彬の死去は日米修好通商条約の調印や将軍継嗣問題をめぐり大老井伊直弼と激しく対立した矢先のできごとであった。

この斉彬の死去は、斉彬の影響を強く受け、陰で支えていた西郷隆盛の身に危険が迫ることになる。この時期、西郷隆盛は京都で梅田雲浜、頼三樹三郎などと共に幕府が実施した無断での条約調印と先の藩主処罰を糾弾していた。この運動が功を奏し、八月には水戸藩に勅諚（戊午の密勅）が下ることに成功した。この密勅は僧月照を通じて各藩に伝えられた。

大老井伊直弼、老中間部詮勝はこの動きに厳しく反応した。安政五年九月以降、弾圧を断行する。安政の大獄である。京都では梅田雲浜（小浜藩士）などが、江戸では橋本左内（越前藩）などが、そして長州藩では吉田松陰が捕縛され、江戸に護送され断罪された。同じように、京都で志士と共に行動していた西郷隆盛の身にも危険が迫っていた。

この時京都にいた西郷は、近衛忠熙から僧月照の保護を頼まれている。僧月照と共に大坂を経て海路薩摩に戻っている。そして、西郷は僧月照と共に入水自殺を図っている。鹿児島湾での入水によって僧月照は死に、西郷は一命を取り留めた。しかし、西郷の一件で幕府に追及されることを恐れた藩は、西郷隆盛の名を菊池源吾に替え大島に流すことにした。安政五年一一月下旬のことである。

主君斉彬の突然の死去と井伊直弼の厳しい弾圧は全国に激震が走ることになる。これは、薩摩藩にとっても同様のことであった。この時西郷は京都や江戸を舞台に全国の志士と協働しながら自分の意志を貫こうとしている。若い大久保は遠い薩摩の地で忸怩たる思いだったに違いない。

2　精忠組のリーダーとして

「突出」計画

安政五年一二月二九日、西郷は山川港にいて大島に島流しになるのを待っていた。この時大久保は西郷に脱藩義挙（「突出」）の旨を伝えると共に意見を求めている（『維新史料綱要』）。この時西郷は、他藩と連携しながら慎重に行動することを回答している。そして、この時の「突出」計画は中止した。

薩摩藩には大久保や西郷が中心になって組織した精忠組という青年藩士の集まりがあった。佐々木克氏によれば、安政六年には精忠組と呼ばれていたという（佐々木『幕末政治と薩摩藩』）。ただ、組織自体はそれより前にも存在していた。本書ではこの時期の集団を精忠派として呼ぶことにする。

さて、この精忠派の中心は、西郷であったが、西郷が遠島にあうと、岩下方平がリーダーになる。岩下がリーダーとなったのは、もちろん本人の人格によるところも大きいが、藩内上士階級の家老格の家柄であったことも理由である。こうした中、大島に遠島されていた西郷の意見をも調整しながら、実質を担っていたのが大久保であった。恐らく、斉彬の生存中も西郷は江戸にいたので薩摩で連絡を受け、藩内の精忠組を取りまとめていたのは大久保であったのだろう。若くて血気盛んな大久保や仲間たちは、当時江戸にいた西郷らと連携し全国の激震する動静に一喜一憂していたのである。

そもそも精忠派は、独自の組織であり藩と行動を共にする組織ではなかった。大久保個人としても高崎崩れに際し、久光擁立の動きに反発した一人であった。実際、精忠派は、尊王を基調としながら亡斉彬の遺志を継ぐことを意図し、脱藩し義挙することを意図した（地元ではこれを「突出」という言葉で表す）組織であった。つまり、この時期の大久保たちの行動は、藩という枠組を超えて、各藩の同志が結集し、自己実現を果そうとしたのである。その具体的な内容が「突出」計画である。

「その時」を待つ

精忠組にとっての最大の「突出」計画は、井伊直弼の襲撃＝桜田門外の変である。この「突出」

計画は、大老井伊直弼、老中間部詮勝の襲撃計画に呼応するものであった。大久保は、精忠派の中心としてこの「突出」計画に真剣に向き合っていた。大老井伊直弼の専断、安政の大獄に憤慨し、脱藩・義挙の決行を意図したのである。

八月二三日、江戸の有村雄助が大久保を始めとした精忠派メンバーに向けて出した書簡によれば、水戸藩の動向が曖昧であるし、調整も難しいところもある。よって決挙の時期が延びている。しかし「四十七士一挙も僅に二千石位之麾下を両年を経事を挙候訳」と、赤穂四十七士の一挙においても二年もかけて実行したことであるので、今回はそれ以上の相手なのだから、決挙の時期が遅れることもやむを得ないと述べている。ただ、そうはいうものの、「由井・大塩一挙之期、前に致露洩殷鑑不遠、能々御思慮一日も早一発之御都合有之度……」と、由井正雪や大塩平八郎の一挙のように事が露顕しては元も子もなくなり、志士としても恥になるので必死に調整することを述べている（『文書』七参考）。確かに、水戸藩は八月二七日に斉昭に対し永蟄居に命じられると、藩内中枢の過激派が断罪された。これにより、水戸藩「激派」の動きが鈍っていた。

他方、九月四日、精忠派の中心であった鹿児島の大久保と有村俊斎が江戸にいた堀仲左衛門と有村雄助に対して出した書簡によれば、「日期相定り候はば、御沙汰相達候上は盟中直に突出致し、順聖公御趣意を奉継　天朝を奉守事皆々一日を待兼候儀に御座候……」と、時節が定まれば順聖公（先代故斉彬）の遺志を継ぎ、脱藩・決起することを今や遅しと待ちこがれていた（『文書』七）。そして、安政六年九月ごろ、精忠派を代表して大久保は「井伊掃部頭、間部下総守、水野土佐守等被及追討候」として、(先君の)「御遺志之寸毫奉相継……万分の一を奉補度、前後の思慮に不暇突出仕候、一同之赤心不被為汚　御徳名明大体正名義　天朝之藩屏に被建置候　国家たる御職掌被為思召、万世不朽之基御開き……」と、藩に対し上申書を作成するに至ったのである(『文書』八)。この時、吉井友実は「私儀は天朝之御為、且御国家之御為、順聖公之御遺志に随い随分働申候間、戦死仕可申、誠以武士之冥加無此上……」と、親に対して遺書を作成している(『文書』八参考其一)。脱藩義挙は精忠派にとって、もはや一致した合意事項であったのである。

精忠派は、故斉彬の遺志を継ぐ組織として、江戸における幕府大老井伊直弼の暗殺に連動して脱藩・義挙(突出)を実行し、上洛により尊王運動を展開する予定であった。大久保を始めとした精忠派の若い同士たちは、「その時」を今や遅しと待っていた。

精忠組よ、国家(薩摩藩)の柱石となれ

安政六年のことである。大久保は海江田信義と共に「庭前」で構わないので久光と面会することを願い出ている。大久保は、精忠派のリーダーとして久光に接近しようと試みていたのである。しかし、久光は会おうとしていない。久光は大久保のことを全く知らなかったわけではなかった。大久保は吉祥院のもとで囲碁を学んでいた。ちなみに、大久保は無趣味といわれるが、生涯において唯一の趣味は囲碁であった。吉祥院は久光の囲碁の相手でもあった。この吉祥院を通じて大久保利通その他の有志の面々と共に久光に面会できるように願い出たのである。こうしたことか

ら、久光は恐らく吉祥院から大久保という人物を知らされていたのであろうし、また、会うことはなくても、久光から「再三之封書委曲其意を得候、実以て一天下之大事と深く心痛いたし候」という書状を大久保は受け取っていた（『文書』九参考）。大久保は久光に対して書翰を送っており、その意志は久光自身も理解していたのである。

かくして、大久保を始めとした岩下方平、有馬新七、吉井友実、有村俊斎（海江田信義）など四〇人は、脱藩・義挙の決行を今や遅しと待っていた。そんな状況の安政六年一一月五日、藩主島津茂久（忠義）は諭書を告げて精忠組の軽挙を戒めている（『維新史料綱要』）。その内容は、「万一時変到来の節は、順聖院様御深意を貫き、以国家可抽忠勤心得に候、各有志の面々深く相心得、国家の柱石に相立、我等の不肖を輔、不汚国名誠忠を尽呉候様偏に頼存候、仍て如件」（「茂久公有志士へ与ル書」『鹿児島県史料　忠義公史料』一九七三年）と述べられてあった。つまり、藩主茂久の意向は「斉彬の遺志を引き継ぎ、天朝のために忠勤を尽くすことである」ので、精忠組の有志達も「国家の柱石となり、自身を助け、国名を汚さずに忠誠を尽くすように」と述べたのである。

島津久光、斉彬の遺志を継ぐ

茂久の意志は、とりもなおさず後見人である実父久光の意志でもあった。つまり、藩論は斉彬の遺志を継ぐことが明確に示されたのである。その政策課題は公武合体と雄藩連合の実現である。

具体的には尊融法親王、近衛忠煕などの廷臣の復権と一橋慶喜、松平春嶽などの大名処分の解除にあった。それは高崎崩れによって斉彬を擁立しようとして親が島流しにあい、その後藩主になった斉彬に仕えていた大久保の路線とも合致するものであった。そして、六日（翌日）には久光から大久保に対し水戸藩の動向を報告してほしいとの書簡が送られている。藩としても、表面的な情報だけでなく、精忠組を通じて裏の情報を入手したかったのである。こうして、精忠組は、これまでのように脱藩し、単独で勤王運動を展開するのではなく、挙藩勤王路線のもとで藩と共に実現することとなったのである。

大久保の行動は、精忠組のリーダーとして、脱藩義挙（突出計画）を遂行する立場でありながら、他方で久光に接触を意図し、書翰を送り意志を伝えたものであった。そして、茂久の諭書を受け取ると、精忠組の上申書を取り下げ、「連名血判」の請書を提出することで応えている。その意味では、大久保の行動は、一方で「突出」を主張していながら、他方で久光とも接触しており、非常にあやふやかもしれない。しかし、大久保の立場は、次代藩主茂久の意志が尊王攘夷を基礎としながら、亡斉彬の遺志を継ぐものであることが確認された以上、脱藩義挙（「突出」）の必要がなくなったのである。むしろ、脱藩して個々人が上洛するよりも、藩を挙げて上洛した方が有益と判断したのだろう。

大久保が考えていた精忠組の行動理念は、突出することが目的なのではなく、故斉彬の遺志を継ぐことが目的であった。当時の史料中に「順聖公御趣意を奉継……」という文言が散見するのは、その意味を示している。精忠組は「突出」という行為を武器にしながら藩論を変えることに成功したのである。大久保はその理念に基づいて精忠組のリーダーとして牽引したのである。

島津久光登場

大久保は、大島の西郷に、藩主茂久の直筆で、しかも実名花押を含めて精忠士面々宛ての御内諭を受け取ったことを喜びをもって伝えた。そして、その内諭の趣旨を紹介すると共に、一同の連名血判の請書を提出したことを伝えた。さらに、久光の行った藩内人事を紹介し、その「英断」を知らせている。

これに対し、西郷は藩主自らの直書が送られたことや「御国家の柱石に相成れとの御文言恐入候御事」と、感激している様子を書面に綴っている（『文書』一一参考）。

斉彬の死去の後、久光の長男茂久（忠義）に代替りが行われると、先代の斉興が幼少の茂久の後見人であった。斉興が死去した安政六年九月、久光が後見人として登場した。主席家老である島津豊後久宝を退任させ、島津下総久徴を主席家老に任じている。さらに家老の新納久仰や、竪山武兵衛なども引退した。久光は主要な家老を一掃し、精忠組のメンバーの登用を行った。

大久保は、精忠組の中心人物として他藩とも連携しながら、先代斉彬の遺志を継ぐべく行動した。とりわけ、井伊暗殺の決起に当たっては、精忠組を牽引する立場として脱藩・義挙することを決意している。しかし、茂久直筆の御諭書が出されることで、脱藩し、他藩の同志と連携して勤王運動を展開するのではなく、挙藩勤王路線によって斉彬の遺志を実現することにしたのである。

3　桜田門外の変

井伊直弼暗殺

安政七年三月三日、井伊直弼が暗殺された。桜田門外の変である。井伊の暗殺計画はすでに知られていたが、その決起が具体化されたのは正月になってからのことである。精忠派の面々は、決起が具体化される時、京都の守衛のために脱藩上洛する手筈であった。大久保たちの主張を汲んで薩摩藩が挙藩勤王路線を採った以上、大久保は藩にその実行を期待している。江戸にいる有村雄助は水戸藩士木村権之衛門に対し、決起がなされた暁には、鹿児島から三〇〇〇人程度が上洛し、京都守護を約束していた。本来、水戸藩脱藩浪士の盟約を通じて、この京都守護を遂行しなければならなかったのである。

二月二一日、決起の直前、薩摩藩士田中直之進が帰藩した。江戸では、水戸・薩摩両藩の同士結盟がなされたことを伝えた。これを受けて大久保を始めとした精忠組は、藩兵を京都に派遣し、急変に対応できるように建議している（『維新史料綱要』）。建議書によると、精忠組は僧月照を含めた水戸藩との密接な付き合い、そしてなにより先君斉彬の遺志を継ぐものであることを主張し、関東と京都に一〇〇名ずつ海陸二手に分けて派遣することを藩（久光）に要請したのである。しかし久光の反応は厳しかった。個人の行動や判断としてではなく、藩として行動する以上、軽々な行動を、とるわけにはいかなかったのである。藩の立場からすると、事態が明確でない以上、藩兵を出動させることは「無名の兵」であるとし、理由なく派兵するわけにはいかなかった。精忠組が当初から期待していた井伊直弼暗殺と連動した藩の上洛構想は現実の中で夢と消えたのである。

ちなみに、桜田門外の変を実行した中心的人物である水戸藩士高橋多一郎は、薩摩藩が上洛することを信じていた。大坂で薩摩藩の上洛を待ったのであるが、結局、幕府の追っ手が厳しくなり自刃している。

計画に先立ち、大久保は精忠組が「突出」計画の中止を江戸に知らせ、事情を説明するために自ら江戸への出府を願い出ている。しかし、同志が承服しない場合、「突出」計画に自身が参加するのではないかと疑われた。藩としてはミイラとりがミイラになることを恐れたのである。それに対し、大久保は強く否定している。有志が「暴卒之事を起し候へば、何れ御国家之御大事」と（『日記』）、一挙が起きた時には国家の一大事となり、その時処分すれば、せっかくの「義気」が挫かれることになると、江戸への出府を再度願い出ている。しかし、とうとう、認められることはなかった。

桜田門外の変の裏側で

桜田門外の変が実行された時、江戸に残っていた精忠組のメンバーは有村次左衛門と有村雄助だけだった。そして、有村次左衛門は襲撃に参加し、有村雄助は報告として鹿児島に戻ったのである。

途中、有村雄助は瀬高（福岡県）で茂久一行と会っている。しかし有村は、藩主に面会することは許されず、取次を通じて「一挙」の報告をしただけで、急ぎ鹿児島へ戻るように指示された。藩主茂久一行も江戸に行かず帰藩した。

有村雄助に対する薩摩藩の対応は厳しかった。井伊への殺害の一挙については、主意を果したもので潔いものであるとし国家の不忠とはいえないが、「不容易御国難を醸」し、すでに幕府の追っ手も踏み込まれる事態を招きかねないとし、藩は有村を介錯のない切腹に処した。そして、この処罰は有村自身も当初から覚悟の上であるという理解であった。

この処罰は大久保を始めとした精忠組一同にとって納得したことであったが、一同「必死」を決意し、死を共にすることで歎願するという議論もあった。結局、歎願書を提出したとしても、採用されないとしてやめている。この日の『日記』には「一同愁傷憤激不可言」で締めくくられている。突出の決意は、皆の合意のことである。共に死ぬことを誓っていた同志がたった一人で責任を負い切腹して果てる。もしかしたら自分が同様な立場になっていたかもしれない。大久保にとってその日は、やるせない一日だったのではなかろうか。

久光との対面

安政七年三月八日、桜田門外の変がなされた直後、藩主茂久の参勤交代で江戸へ派遣される三〇名の中に精忠組のメンバーが入っていなかった。このことについて、先の茂久の諭書の趣旨に反するとし、大久保は、数人でも構わないのでメンバーに加えることを、久光や家老の蓑田伝兵衛に願い出ている。しかし、精忠組は京都への派兵要員であるとし、選ばれなかった。

大久保は納得いかず、さらに聞き届けられないのであれば「突出」の決意を述べている。それに対する藩の対応は厳しかった。藩命に従えないのであれば処分も辞さないとしたのである。組織の一員として、後日を期すしかなかったのである。

安政七年三月一一日、大久保は初めて久光に直接会うことができた。その時、大久保は江戸への参勤交代について「太主様御参府に付ては死地に赴かせたまう、同様実に古今未曾有の御大事、我党に於ては御請之訳も有之……」と、再度、随行を願い出ている。それに対し、久光は「御意尤に候」と、理解を示しながらも、「何分にも政府の吟味に付ては旧格有之訳……」と、藩で決めたことであるので従わざるを得ないと述べている。そして、「京師の方一同人数差向候筋致治定候に付、一同安心致候様……」と、京都への精忠組の派遣も決まっていると応えている（『日記』）。

精忠組の活動は文久二年四月二三日の寺田屋事件の悲劇で幕を閉じる。寺田屋事件では、久光のもとで上意討ちを行った精忠組メンバーは奈良原繁など八人であり、殺害された三人も精忠組メンバーだった。大久保もまたこの寺田屋騒動の事後処理に当たっている。この話は次項で述べていく。個人としての行動の自由さと限界、藩（国家）の一員として行動する不自由さと統率の重要性。こうした違いを大久保は行動の中で認識するようになっていく。

4　久光の上洛と共に

上　京

文久元年四月、藩主茂久から四家老を通じて久光を国父と称することが家中に布告された。これにより、久光は藩主や家老から直接政務の相談を受けることになったのである。久光は藩の実権を握ることになった。

さらに一〇月、人事の刷新が行われた。側役であった小松帯刀が改革方内用掛に任じられている。大久保も一一月藩内の財政を担う小納戸役に抜擢された。精忠組のほかのメンバーも、同様に昇任を果している。堀仲左衛門は小納戸役に、岩下方平は軍役奉行兼趣法掛に、海江田信義と吉井友実は徒目付に登用された。大久保にとってもこの破格な抜擢は嬉しかったようで、自家で祝宴を開いている。そして大久保は、久光の側近として藩内運営に関与することになる。

文久二年一月、薩摩藩側役になった大久保は上京した。この時、元左大臣であった近衛忠熙父子に謁見した。近衛家と島津家の関係は古い。そもそも島津家の初代は鎌倉時代の忠久にまで遡る。この島津忠久は近衛家の下家司惟宗氏の出身で源頼朝の殊遇を受けたといわれる。こうした因縁もあり、近世においても近衛家と島津家は親しい関係を続けている。近衛忠熙夫人が島津家の娘であったし、将軍家定夫人には島津一族の篤姫が嫁ぐが、これも近衛家の養女となって嫁いだのである。また、先の安政の大獄時に活躍した僧月照を幕府の追っ手から逃がすために、西郷隆盛に手引きを依頼したのも近衛忠熙であった。

上京した大久保は、近衛父子に対し島津久光の上洛の意向を説いた(『維新史料綱要』)。その内容は、公武合体を評価し、和宮降嫁によって和宮を掌中にしたからには、天朝の危機は焦眉の急であることから「京都御十分之御守護」が必要であり、薩摩藩がその任に当たることを希望したのである。もちろん、その背景には「公武合体」を基礎としており「徳川家御扶助」が天皇の意志であり、このことは先君斉彬の遺志でもあるので、その趣旨を貫くことを申し伝えたのである。

当初、近衛忠房は当惑した。京都の守護は、これまで幕府の指示に基づき京都所司代が担当するものであって、外様大名が希望するからといって簡単に受け入れられるものではなかった。大久保は二月一日に京都を発って帰国しているが、この時も消極的であった。

しかしその直後、「市蔵より承候御趣意、御尤に候……」とし、久光の上京を要請したのである。この心変わりのきっかけは、坂下門外の変があった（佐々木「文久二年久光の上京と朝幕改革」『幕末政治と薩摩藩』）。坂下門外の変は、正月一五日、老中の安藤信正が江戸城の坂下門外で水戸藩士らに襲撃された事件である。これにより、京都の公家たちは尊王攘夷派の暴発を身近に感じたのであろう。

いずれにせよ、大久保は京都の近衛との交渉によって久光の意志を伝え、意志を実現することに成功した。久光の上京。このことは大久保にとって、先君斉彬の遺志の実現であり、精忠組の決起以来の悲願であった。そして、大久保の交渉能力が開花したのである。桜田門外の変では実現できず、有村雄助の死を無駄にしないためにも、大久保は久光の上京を期待したのである。そして、薩摩藩が京都守護を行なうという事実は幕府と京都所司代の権威が失墜したことを意味した。

三月一六日、島津久光は、側役小松帯刀を始めとして、中山尚之助、小納戸役であった大久保など一〇〇〇名余りを率いて薩摩国を出発した。

西郷の「突出」

文久二年二月、西郷は遠島先の大島から鹿児島に戻ってきた。早速、西郷は徒目付に任じられた（『維新史料綱要』）。西郷は、島津久光の上洛に先行し鹿児島を出発し、下関で合流する予定であった。しかし、西郷は下関で久光一向を待たずに京都へ急行する。伏見の薩摩藩邸で、西郷は尊王攘夷派として知られていた平野国臣（元福岡藩）や小河弥右衛門（岡藩）などと会合をしていたのである。大久保自身にも平野国臣（文久元年一二月）や真木和泉（文久二年三月と五月）から書翰が送られている。実際に面談がなされたかはわからないが、同様な境遇にあっても行動は西郷と大久保で大きく異なっていた。

さて、久光一行が下関に到着した時、西郷はいなかった。大久保は慌てて久光一行と別れて京都へ急行した。西郷の行動を確認するためである。四月六日、西郷は留守居本田弥右衛門と森山新蔵、村田新八と共に宇治万碧楼にいた。大久保は、西郷らに急いで戻ることを指示している（『維新史料綱要』）。

戻ってきた西郷に対し、大久保は勝手な行動と、京都で浪士を扇動したのではないかと詰問した。すると西郷は、浪士の無謀の挙を鎮静するために奔走していたと答えている。これで、大久保自身は一応納得した。その日の『日記』にも「先ず先ず安心いたし」と記されてある。つまり、大久保は西郷が浪士と一挙（「突出」）の計画を企てたわけではなかったので、藩からのお咎めも厳しくならないと判断したのである。

ところが、事態はそれほど甘くはなかった。久光はその報告に納得していない。西郷に対し捕縛を命じたのである。挙藩体制の中、勝手な行動は、たとえそれが正しいことであったとしても許し難い行為であった。大久保は「突出」行為をするか否かが問題であると考え、その意志がないことで安心した。それに対し、久光は組織として行動自体の是非を問うたのである。この時大久保は「従容として許諾、拙子も既に決断」と記している。突出に対する久光の憤慨は、大久保の想像を超えたものだったのだろう。この時、大久保は絶望し、西郷と共に死ぬことを決意した。

結局、西郷は自身に罪があることを述べ、鹿児島へ護送され、徳之島と沖永良部島への遠島処分になっている。大久保も西郷の処分を踏まえ、出仕を控えている。

精忠組との決別――寺田屋騒動――

大久保を始めとした精忠組のメンバーは斉彬の遺志を継ぐと宣した茂久・久光の薩摩藩挙藩一致体制を主張する一人として取り込まれたことになるだろう。しかし、その一方で「突出」行動から抜け切れなかった人達もいた。彼らは個人で国事運動に参加する。寺田屋騒動で上意討ちをされる精忠組の面々もそうであったし、西郷もそれに同調したわけではないが共感した一人であった。

寺田屋騒動は、島津久光の上京を機に大坂の薩摩藩邸にいた藩士有馬新七などが、久留米藩士真木和泉など藩外の志士たちと図り、京都所司代を襲撃して義挙のさきがけにしようとしたのに対し、薩摩藩としては上意討ちをもって鎮静した事件である。この騒動に先立ち、大久保は久光の指示を受け大坂で彼らを説得している。しかし、結局、説得できずそのまま帰っている。結果、薩摩藩船宿寺田屋に同志と集結した時に、上意討ちとなったのである。四月二三日のことである。

斉彬の遺志は思想として精忠組から藩論へと受け継がれたが、「突出」行為は、認められなかった。有馬新七以下全てを討ち果した報告を受けた久光は「別て御満足」であった（『日記』）。大久保は、奈良原繁と海江田信義の指示に従い、寺田屋においても、斬り合い後の残務処理を担当している。

直前、大坂において大久保が有馬に対し、どのような説得をしたかわからない。少なくとも寺田屋騒動の結果として斬殺された有馬新七ら精忠組の仲間に対する大久保の感情は、先に桜田門外の変に際して切腹した有村雄助に対するそれとは異にしていたようである。同情もなければ決別でもないだろう。大久保は組織の中の一員として行動するようになった。将来、官僚制の礎を築くことになる大久保にとって、個よりも組織を重視し、それを行動規範とする思想は、この時期に形成されたのであろう。

この寺田屋騒動の結果、公武合体論を主張していた孝明天皇から称賛された。京都における島津久光（ひいては薩摩藩）の評価は高まった。

岩倉具視との出会い

文久二年四月、久光が伏見に到着した。そのあと、京都の薩摩藩邸に入った。久光は、近衛家を参殿した時に、上京の目的として、公武合体、皇威伸興、そして幕政改革を柱とする意見書を提出した。具体的には①青蓮院宮、近衛忠煕、鷹司父子、一橋慶喜、徳川慶勝、松平春嶽などの謹慎を解くこと。②近衛忠煕を関白職、松平春嶽を大老職、一橋慶喜を将軍後見職とし、将軍後見職の田安慶頼や老中安藤信行を解任すること。③老中久世広周を早々に上京させること、④「外夷御処置」は天下の公論をもって、永世不朽の制度にすること、などを朝廷から幕府に主張するように願い出たのである。そして、勅使を江戸に派遣することを決めた。

一カ月程度の短い滞在期間であったが、大久保は対朝廷折衝を担当した。五月六日に岩倉家へ参殿した際には、粘り強く江戸への勅使派遣と改革要請を建白している。岩倉具視は、安政五年の条約勅許問題で中山忠能と共に反対の立場を表明し、和宮降嫁を画策した人物である。こうした性格から「時と場合に拠ると、二枚の舌も使い兼ねまじき御方」といわれるような、公卿の中で策士であった。大久保と岩倉の二人三脚による明治維新が始まった（遠山茂樹「岩倉具視と大久保利通」「大久保利通」）。

五月、久光の上洛の目的であった幕政改革を要請するため、勅使として大原重徳を江戸に派遣することが決まった。これにあわせて久光も随行することが命じられたのである。

朝廷の意志を幕府に伝える方法は、江戸から人を呼び寄せる方法など色々ある。勅使が江戸に下向し、それに久光が同行する。これは薩摩藩の意向に沿った決定であった。島津久光は勅使大原重徳と共に京都を出発した。もちろん、大久保もこれに同行した。

江戸での大久保

文久二年六月七日、久光一行が江戸に到着した。江戸での大久保は、長州藩との関係を密にしている。六月一〇日に長州藩周布政之助、小幡彦七らと酔月楼で呑んでいる。周布の酒癖が悪い傾向は今に始まったわけではない。この時も、周布は相当呑んでいたようで、翌日の書翰で周布は「酔夢中不敬に至候」と詫びを入れながらも、翌一二日の宴会に誘っている。一二日、大久保は堀仲左衛門と共に、長州藩士周布政之助、同宍戸九郎兵衛、来島又兵衛、小幡彦七らと江戸柳橋料亭川長で会合している。墨田川上りを楽しみながら、情勢を論じている。内容の詳細はわからないが、当時の長州藩の尊王攘夷に対する意見を聞いたのであろう。大久保はこの時の長州藩の議論について「頗る暴論」と、長州藩の意見に同調していない。

六月一〇日、勅使大原重徳は江戸城において将軍家茂に一橋慶喜や松平春嶽を登用する勅旨を伝えた。大久保はしばしば大原のもとを訪ねている。

久光が上洛する直前、幕府は、一橋慶喜、松平春嶽、山内容堂などの処分を解き、尊融法親王、近衛忠煕などの赦免を朝廷に要請していた。その意味では、久光が江戸に到着した時には、ほとんどの懸案事項は解決していたといえるだろう。六月一八日には越前藩主松平春嶽を政事総裁職にすることで内諾を得ている。ただ、一橋慶喜の件で混迷していた。六月二六日、老中であった板倉勝静と脇坂安宅が大原のもとを訪ね、この件について説明している。板倉の立場は、「一橋後見にて権威相付候得ば将軍威勢衰え、左候得ば外藩より一橋公を云々之訳申立べく、仍之今一応考候上可及返答と之事にて相済候由」と（『日記』）、一橋慶喜を登用することについて、将軍自体は不承知でないが、一橋が将軍後見職としての権威が高まると、将軍自体の権威が衰える恐れがあるとして、再検討を主張したのである。この期に及んでも、幕閣は将軍の体裁にこだわっていたのである。

大久保の「大愉快」

この時大久保は勅使の大原に対し「万一御請不申上候はば閣老を返し申まじく決心にて中上候」と決意を促した。それを受けた大原重徳も「閣老参り十分御決心にて御達之処、此には御請宜敷、尤御請不致候得ば只今変に及と之事」と厳しく伝えた。これによって、両老中は「面色相変由也、御請之方に勘考可仕……」と、顔色を変え、承認の方向で検討するようになったのである。こうして、七月六日には慶喜を将軍後見職に、七月九日に松平春嶽を政事総裁職に任命することになったのである（『日記』）。

この幕閣編成は、大久保にとって、先君斉彬の遺志を実現したものであった。六月二九日の『日記』には「頓と御安心被遊候旨、御沙汰承、実に難有　皇国之大慶無此上、昔年之鬱を散候心持也……」とある。そして、一橋慶喜が将軍後見職となった七月六日には「数十年苦心焦思せし事、今更夢之様心持……」とある。大久保にとって、若年からの苦労が報われた瞬間であった。

七月一一日には、祝宴がなされている。大久保も大七楼に行っているが、「景色奇妙実に天下の祝筵にて歓を尽し候、夕景月東皐に登り、涼風颯々絃歌舞踏大愉快也」と記されている。もちろん、大久保にとって、こうした遊戯が「大愉快也」だったわけではあるまい。大久保は、桜田門外の変では同志を見殺しにし、寺田屋騒動で同志を失った。そして西郷が再び島流しにあう中、大久保は自分なりに先君斉彬への遺志を受け継ぎ行動し続けた。故斉彬は、松平春嶽、徳川斉昭らと共に、老中阿部正弘のもとで雄藩連合を構想し、一橋慶喜を将軍に擁立しようとしたが道半ばで病死した。それが、島津久光によって一橋慶喜を将軍後見職とし、斉彬の盟友だった松平春嶽を政事総裁職に据えることに成功した。安政の大獄でこれまで失脚していた藩主や朝臣も復権できた。

やっと故斉彬の遺志に報いることができたと思ったのではなかろうか。大久保にとって、このことが晴れがましい気持ちであったに違いない。恐らく、このことが大久保にとって「大愉快」であったのであろう。文久二年一〇月、大久保の尽力によって寺田屋事件で処分された藩士への赦免がなされている。

自藩の立場を主張する——生麦事件——

文久二年八月二一日のことである。島津久光の上洛、江戸への出府によって、多大な成果を挙げ、再び京都へ戻る道すがら、薩摩藩にとっては大した問題とは捉えていなかった、しかし国際的には重大な事件が起きている。薩摩藩の行列が横浜の生麦に差しかかった時、乗馬したままで行列を見物していたイギリス商人を薩摩藩士奈良原喜左衛門が斬り付けたのである。

上海から来日していたリチャードソンは即死であった。ほかの二人は腕や肩が斬られ重傷を負った。生麦事件である。現場で大久保は冷静に対応を評議し、一人を江戸に遣わし、家老と留守居で対応するように指示している。

イギリス代理公使ニールは応急策として、犯人の検挙、外国人遊歩の保護を幕府に要請し、翌三年二月、幕府の謝罪と被害者への賠償金を求めている。幕府は、老中小笠原長行が五四万ドル支払うことを決め、陳謝状を交付し解決している。薩摩藩に対しても、犯人の死刑と賠償金を要求した。

この生麦事件に対し、大久保は久光の指示により佐土原藩の能勢直陳に対し、見解を表明している。それによると、「全体大名之行列は作法厳密にて、国内之人にても無礼を働候得ば切捨にいたし候習い、況や夷人においては猶更之事、彼是之分も有之、依て当日薩州通行に付、徘徊無用と令し置候、夫をも用いず徘徊いたし候は、曲其方に在り、且亦無体に行列へ乗駆候は大に失礼に相当り、其方に於ては作法不案内は勿論之事、此方においてかねて非常を戒め候職分之者にて主之為に右式に及候は、日本之気風にて臣子之本意とする処……」と述べている（『文書』一―一三二）。

この生麦事件で見られるイギリス人への斬り捨ては、取り立てて攘夷を主張したものではなかった。むしろ、大名行列の作法は厳密であり、国内の人であっても無礼を働けば斬り捨てる習慣であることを主張したのである。しかも、当日は薩摩藩の通行があることから、「徘徊無用」と事前に通達していたはずである。それにもかかわらず徘徊し、さらに行列に割込むなどという行為は甚だ失礼であると主張したのである。

異国の力を知る——薩英戦争——

文久三年七月、薩英戦争が起きた。イギリスが要求していた生麦事件の犯人死刑と賠償金の支払いがなされなかったことを理由に、イギリス艦隊が鹿児島を砲撃したのである。この時、鋼鉄製軍艦とアームストロング砲の威力は、薩摩藩を圧倒した。大久保はイギリス艦隊を見て腰を抜かしたという話が残されている。

この時の戦闘で、イギリス艦隊の戦死者一三名、負傷者五〇名に及んだ。他方、薩摩藩側は戦死者一〇名、負傷者一一名を出した。さらに城下五〇〇戸余りが焼失、全ての砲台が大破し、汽船・和船が失われた（石井孝『増訂　明治維新の国際的環境』分冊一、吉川弘文館、一九七三年）。

文久三年一〇月、大久保は久光の命で江戸に行っている。この時の用向きは将軍の上洛を促すと共に生麦事件に対する賠償談判であった（『維新史料綱要』）。結局、薩摩藩はイギリス側の要求した二万五〇〇〇ポンド（約六万両）を支払うことと犯人の死刑を約束した。ただ、支払いの名目は遺族養育料としてであり、賠償金としてではなかった。こうして、藩としての面目を保ったのである。一一月一日、薩英交渉は妥結した。英国代理公使ニールは、薩摩藩側が「友好回復のしるし」として軍艦購入の申し出に応じて、本国政府に取り次ぐことを約束している（石井『増訂　明治維新の国際的環境』分冊一）。

薩摩藩は、この支払額を幕府から借り出した。薩摩藩としては、自身の財政からではなく、幕府から借用して支払ったのである。また、犯人の処刑は行っていない。結局、薩摩藩は生麦事件・薩英戦争の事後処理としては無傷であった。むしろ、薩摩と英国の関係を深めたという点では、成果を挙げたともいえるだろう。

5　歴史の表舞台に

大久保の公武合体論

文久二年閏八月七日、久光一行は、生麦事件のあと京都に戻ってきた。この時、攘夷強硬論で一色になった京都の人々に島津久光一行は歓迎を受けた。生麦事件で異人を斬り捨てた薩摩藩士は英雄であった。大久保は「御行列拝見之貴賤老若夥敷、ようよう御輿御通行被為調候位に候、殊に御所辺は軽き官女の類い迄拝見に相見得御跡乗にて候処、実に恐多とも何とも言語に難尽夢中之心持にて候」と、夢見心地であった（『日記』）。大久保にとって、薩摩藩が京都で歓迎される様子に驚きと戸惑いを隠し切れない様子がわかるだろう。

ただ、大久保の考える国家構想は、京都の人々の考えとは、全く似て非なるものであった。それを鮮明にしたのがこの時であった。先にも示した通り、薩摩藩の外国人殺害は、行列を乱したことによる無礼に向けられたものであり、決して攘夷だけが理由だったわけではない。大久保は江戸で長州藩の周布政之助や来島又兵衛などと議論した時、長州藩の主張を「暴論」と評価している。この段階では公武合体による雄藩連合を立場にしていたのである。

この時期、京都には多くの脱藩浪士や尊王攘夷を主張する志士が多くいた。この京都の治安を守るため、文久二年閏八月会津藩松平容保が京都守護職に命じられている。さらに一一月には「一藩奉職にては人心居合も如何可有之哉、御懸念被思召候、依之島津三郎儀今般公武御一和之基本を致周旋、為皇国盡忠誠候者にて……」と、朝廷から久光に沙汰書が認められている。先の久光上洛の際の治安とその後の公武合体の実績があったからといえるだろう。実際、沙汰書の本文には「今般公武御一和之基本を致周旋、為皇国盡忠誠候者にて」と記載されてある。

ところが、この久光の京都守護職の就任について、「会津殿殊の外不同意にて、決議に至らざりしとぞ……」と、会津藩主松平容保が猛烈に反対した（『続再夢紀事』一二）。さらに、その後の論議でも「幕府は聊も異議なけれど、尾藩会藩長藩など殊の外不平のよし」と、会津藩に加え、尾張藩、長州藩などからも反対がなされたため、とうとう島津久光の京都守護職の任命は延期されたのである（『続再夢紀事』一三）。薩摩藩と会津藩への確執はこのころから始まったのかもしれない。

大久保の大遊説

文久元年一〇月の和宮降嫁を受け、公武合体の実を示し、さらに京都での尊王攘夷運動を鎮静化するためにも、将軍家茂が上洛し攘夷への対応策が求められている。文久二年一〇月、政事総裁職であった松平春嶽が「大樹《（家茂）》公早々御上洛之上、是迄外国御取扱其他欺罔之御処置も不少、重畳御不都合之御次第共御悔謝被仰上、尚叡慮をも深く御伺い天下之国是を被定度……」と主張し、強く将軍家茂の上洛を促し、それらが叶わない中「勤続無覚束候……」と辞職までも、ほのめかしている（『続再夢紀事』一）。

また一橋慶喜も「当今諸藩皆攘夷に帰候折柄、一己之愚見を以開国論主張致申上候ても素より不才浅智之儀往々皇国之御不都合を生候ては奉恐入候……」と（『続再夢紀事』一）、辞職を申し出ている。ちなみに、松平春嶽が政事総裁職を罷免されたのは文久三年三月、一橋慶喜が将軍後見職を辞めるのも禁裏守衛総督、摂海防禦指揮に転じた元治元年三月の時であり、この時の辞職は取り下げられている。

一二月五日、とうとう将軍家茂は上洛することを決めた。久光も上洛が命じられ、翌年正月上旬に上洛することを答えている。

そんなおり、文久二年一二月、大久保は久光に命じられ、吉井友実と共に上京した。その目的は将軍上洛中止の勅命を引き出すことであった。大久保の持参した島津久光の建白書によれば、新年早々には将軍が上洛する情勢を踏まえ、関白近衛忠煕、尊融法親王などに対し、①攘夷を徹底する上での備えが必要であること、②幕政改革が続き、人心が紊乱で物騒な状況下で、江戸を空にすることは問題であること、③攘夷を決定することは海防を重視することなのに、将軍の上洛により多くの大藩が上京すること、④四民困窮の中、将軍が上洛するということで宿場などが疲弊すること、そして京都では攘夷を主張する人達により暴発しかねない状況であった。これらの理由を挙げ、将軍の上洛中止を主張したのである（『続再夢紀事』四）。

島津久光・大久保による将軍上洛中止の主張に対し、「御尤之御趣意」（近衛）「殊之外三郎様御趣意に御感服」（尊融法親王）と、好感触であった（『文書』三二）。ただ、島津久光の意見に理解を示しながらも、長州藩が納得しないだろうと、難色を示している。

このため大久保は、「私より長州へ大議論相立、彼を屈服せしめ候はば如何と及建白候処、彼れ屈服さえいたし候得ば少も御差支無之由……」と、長州で大論陣をはって納得させればよいとの確約をとったのであるが、説得には短期間で難しいことが予想された（『文書』三三）。よって、正月七日には松平春嶽と山内容堂が江戸出立を決めていたので、そちらを延期する方が大事とし、大久保は関白（近衛）の直書を奉じて一二月二五日、急ぎ江戸に向かったのである。

大久保が江戸に到着したのは文久三年正月三日のことである。一日には吉井友実が到着しており松平春嶽のもとを訪ねていた。早速、大久保は翌日（四日）夜、吉井と共に山内容堂と松平春嶽に面談している。出立直前のことではあったが、久光の趣意や建白書を見せながら説得した。

結局八日に、大久保は山内容堂を通じて、幕府として「一応大樹公の上洛を見合わせらるる事に内決せられ……」という報告を受けている。ただ「一時延期するのみならば兎も角も、なれど際限なく見合せらるるは宜に適わざるべきか」と、家茂上洛はすでに決まっていることなので上洛の中止は難しいとし、三月中旬にまで延期したのである。そして、その間に久光は上洛し、山内容堂、松平春嶽と相談して善後策を検討する確認をしたのである（『続再夢紀事』四）。将軍家茂の上洛は、寸前のところで延期になった。

島津久光の意を受けて大久保は京都・江戸での遊説を行った。家茂上洛延期の決定は、単に久光の書状だけではない。大久保の遊説によってもたらされたのである。

国家の大事は地元を固めてから

文久二年一二月二五日、大久保は中山中左衛門に対して書翰を提出している。その内容は「一国之瑕瑾は　皇国之瑕瑾に有之、其瑕瑾を受けざるよう国本相固め候と申は、不容易至難之義に御座候……」と、個々の藩がそれぞれ国許で責任のある武備を充実させていく必要性を主張したものであった（『文書』三三二）。それにもかかわらず、鳥取藩や会津藩が上京し、土佐藩・長州藩も近々上洛という話が伝えられている。その他の大小の藩も数知れず上洛している。

こうした動向について、大久保は「当時自国之警衛を次にし、夜を日に上京いたし候大小名外に如何に見留有て之事に候哉、真実　皇国之御為も存候忠胆に候や心腑に落ち不申」と、京都を目指している各藩の情勢を憂えている。たとえば佐賀藩は長崎の警護をのがれるために伏見桃山の警衛を引き受けていることを指摘している。このように大久保は「国本相固め」＝個々の藩が充実することなしに、外圧に対抗できるわけがないと考えていた（池田清「大久保利通における『国本相固メ論』」）。

久光の考えも同じであった。攘夷自体は同意するものであったが、内実を含み込んだものでなければならなかった。挙国体制の中身は「公武合体」であった。その場合の公武合体は、公＝天皇・朝廷と、武＝幕府・藩の協力体制であったのである（佐々木『幕末政治と薩摩藩』）。幕府にとっての公武合体は、幕府と朝廷の公武合体論であり、大久保の立場とは性格を異にしていた。ただ、いずれにせよ、藩の充実（富国）を基礎とせず、無意味に尊王や攘夷を主張する藩や脱藩義挙を主張する尊王攘夷論に対し、大久保の立場は一線を画していたのである。

たとえ勅命といえども……

文久三年六月、京都の情勢がさらに不穏になってきた。攘夷派の横暴や暗殺事件が頻繁に見られるようになってきたのである。このような京都の治安の悪化を憂えた孝明天皇は、久光上洛の内勅を提出している。

この時の大久保の意見書を参照すると（『文書』四四）、「たとえ勅命といえ共、草卒之御挙動を以、御上京相成候義不可然、畢竟寸功なきのみならず、却て是が為に害を引候様にては奉勅も真之奉勅に不相成候義に可有御座候、然処篤と熟考仕候」と、内勅に対して熟考を要するものと留意した上で、この内勅については「内勅奉蒙、実に不奉堪恐懼、万々難有武門之冥加無此上奉存候」と述べ、七月下旬ごろに上洛することが望ましいことを意見している。ここで大久保は、勅命を絶対的存在としてではなく「害を引候様にては、奉勅も真之奉勅に不相成」と述べ、内容いかんによって判断することを主張したのである。つまり大久保にとっては、勅命は利用できる時に利用し、利用できない時は無視するという考えをかいまみることができるだろう。後年、長州戦争において、幕府に対して勅命が発せられたが、この時、大久保は非義の勅命として否定している。こうした発想は、すでにこの時からあったのである。

文久三年八月一八日、公武合体派であった会津藩、薩摩藩、淀藩などが藩兵を動員し、京都を警備していた長州藩を追い出した。さらに、三条実美を初めとした尊王攘夷派の七卿が都落ちした。これにより公武合体派が京都を掌握する。八月一八日の政変である。

一〇月三日、久光は上京した。久光は朝廷の人事にも建議を行い、公武合体派の態勢を整えた。さらに、諸藩を朝議に参与することを求めたのである。この間、松平春嶽を初めとして、一橋慶喜、伊達宗城、山内容堂、鍋島直正など、続々と、公武合体派の諸大名が上京している。かくして、一二月三〇日、一橋慶喜、松平容保、松平春嶽、山内容堂、伊達宗城が朝議参与に命じられ、さらに翌年正月一三日に無位無官であった島津久光が参与に任じられた。こうして、久光や大久保が構想していた公武合体による雄藩連合を着々と確実なものにしたのである。

6　幕藩から薩長へ

幕府への失望

文久三（一八六三）年一二月から翌年正月にかけて、幕府と藩が連合した雄藩連合による参与会議が実現した。大久保にとって夢の実現を意味したが、結果として、ほとんど成果を得ていない。

会議に対する幕府の姿勢は、一橋慶喜にしても老中にしても、その場での結論を出すことをしなかった。特に、雄藩出身の参与は開国を容認する立場であったのに対し、幕府は横浜鎖港を主張して譲っていない。この点、ある意味、意地と意地のぶつかりあいでもあった。大久保は失望し、「朝廷最初より十分之望を奉懸候義は不相叶」と、朝廷は当初より期待できないと述べ、「幕府においては猶更之事候処」と幕府は一層ひどいとしている。大久保が期待を寄せていた慶喜に対しては「中央より相変じ我藩は固より、其余名賢侯を疑惑し、既に春嶽公守護職御辞退……」と、不信感を募らせている。それでも大久保自身は「内外切迫之秋に至り、名賢侯と共にせずして何を以天下の制禦出来可申や……」と雄藩連合を理想にしていた（『文書』五九）。しかし、議論はなんら成果を見なかった。山内容堂の帰国をきっかけに、一橋慶喜は参与を辞し、ほかの参与も相次いで辞任した。

元治元年に記したといわれる、大久保の「意見書」を参照すると（『文書』六九）、「嗚呼大事去矣、終に病を告て朝廷に暇を乞、肥後良之助《（長岡護美）》公子、宇和侯《（伊達宗城）》、越前老公《（松平春嶽）》相共に帰国して其起べきの機を待に至る……」と、それぞれの帰国の途についた。大久保は雄藩連合への絶望感を募らせている。大久保にとって、雄藩連合は理想であり、その構想自体は久光のもとで実現に向けて動いたが、現実には失望する結果となった。

蛤御門の変と長州戦争

元治元年六月五日、新撰組は長州藩士や志士たちが集会を開いていた池田屋を襲撃した。これを受けて、長州藩では世子毛利定広と、福原越後、国司信濃、益田右衛門介の三家老の上京を決定する。六月二四日伏見に集結。山崎、嵯峨に集結して京都を包囲するように布陣した。そして、七月一八日から一九日にかけて長州藩の軍勢が京都に向けて攻撃をしかけたのである。とりわけ蛤御門付近は激戦が交わされ、来島又兵衛はそこで銃撃を受け戦死した。蛤御門の変（禁門の変）である。京都では火災が二一日まで続き、家屋二万八〇〇〇余りが焼失したといわれる。結果は長州軍の惨敗だった。真木和泉、久坂玄瑞、寺島忠三郎は自刃した。

そして、七月二三日、長州戦争の朝命が発せられた。この時、大久保は、「長州へ異艦数艘襲来、戦争央にて長州敗走のみ之由伝承仕候……」と、八月に長州藩は下関での四国連合艦隊の襲来で惨敗したとして、「御征伐御相当と奉存候」と、征長の朝命は妥当としながらも、「寛急其所を得、名義判然之御処置専要奉存候、只今軍勢差出候様御達も有之候はば差控置申度、未曾有之大事故後世の論に渉り可申儀故……」と、長州戦争の中止を主張している（『文書』六三）。結局、大久保の建言書は薩摩藩の意見として提案されることはなかったものの、大久保はこの時期から、長州藩への対応に変化を見せている。

元治元年八月、将軍は長州戦争への進発を布告した。征長総督には前尾張藩主徳川慶勝、副将は越前藩主松平茂昭が就任した。結果、蛤御門の変の首謀者であった、益田右衛門介、福原越後、国司信濃の三家臣が切腹し、三条実美などを太宰府へ移すことで、征長軍は撤退する。

薩摩藩の指示を受けた大久保は岩下方平や小松帯刀と共に、朝廷（関白二条斉敬や内大臣近衛忠房）に働きかけて、長州藩父子や五卿に対する処置の取り下げや、参勤交代は文久二年の緩和令に復すること、将軍の上洛などについて朝命を下すよう請願した。その結果、慶応元年三月二日、朝廷は、京都所司代松平定敬に内達が出されるに至ったのである（佐々木『幕末政治と薩摩藩』）。

大久保は、幕府（将軍・幕閣）・朝廷・長州・諸藩それぞれの動きを直視し、自分なりの立場を築いている。大久保にとって幕藩体制も、朝廷も絶対的な存在ではなくなった。そしてこのことは、大久保を支える薩摩藩が自立したことを意味したのである。

面白き芝居に……――第二次長州戦争(1)――

慶応元（一八六五）年四月、再び、幕府は長州藩への将軍進発を布告した。それに対し、薩摩藩は早々に幕府の第二次長州戦争への非協力の姿勢を明確にした。西郷は、幕府が薩摩藩に出兵を求めても「私戦」には派兵しないことを決めた。第二次長州戦争は、薩摩藩にとって、ある意味他人ごとであった。

慶応元年五月、大久保は、伊地知貞馨に宛てて手紙を送っている。それには、「別て面白き芝居に成り可申と楽み申候」と、第二次長州戦争について、とりわけ面白い芝居になるので、傍観するのがよいとし、冷ややかに対応している。それでいながら、「大抵我思う図に参申候間」と、おおよその結末を想定し、「彼は彼、我は我にて大決断、策を用い不申候ては相済不申」と、今後に向けて幕府だけでなく薩摩藩としても決断が求められるとしている（『文書』七八）。大久保はこの時点で、幕府を軸とした雄藩連合に見切りをつけつつあったのである。

八月四日、大久保は薩摩に長州戦争の様子のことを書翰に認めている（『文書』八二）。徳川慶勝（尾張藩）は理を尽して建言し、越前藩松平春嶽も古くから大兵を動かすことは国家の重大事であるとし、その罪があれば朝命を名義にした戦いが必要であるとしている。さらに藤堂からも将軍家茂の私闘同様であると回答されたことが述べられている。このように、長州戦争は誰もが納得できないものであった。さらに熊本藩が先鋒を願い出る有り様で笑い物になっている。結局、情勢は「征伐出来候丈之模様に無之」であった。老中レベルも様子を掌握しておらず、結果「大樹公御独断にて御進発被仰出候」と、将軍家茂の独断で進発したとし、結果「大樹に罪を打きせ候向之由」と、責任を家茂に押しつけようとしている。また、京都や大坂に炎天下の状態で滞在させ、一月の滞在だけで五〇～六〇万両の損失を蒙るとし、このような状態で、「勝利を全候例古今和漢未所不聞也」と述べている。さらに、このような内乱が続けば「清国之蹤跡を踏候に相違無之、実に悲憤に不堪候」と、清国のような植民地になる恐れがあるとして嘆いている。さらに、長州は長州戦争（第一次）以来、攘夷を一方的に主張していた「暴論過激之徒」であったが、攘夷が難しいことを悟り、大いに国を開くことを唱えている。佐賀藩や越前藩や土佐藩や宇和島藩なども同様であり、「各国割拠之勢不可疑」と述べている（『文書』八二）。彼らは国力を充満させ、一藩だけでも朝廷を守り、海外に皇威を輝かすことを目指しているとしたのである。

慶応元年八月二三日、西郷は京都より鹿児島にいる大久保や蓑田伝兵衛に対し書簡を送っている。その内容は、「此度の再征は全名もなきものと相成、条理を失候儀と進行、益先き暗き方に陥申候、いずれ理を失い候はば、勢を以押え懸らず候ては致方無之候え共、勢相挫け居候、幕府一手を以戦は出来不申、諸藩の兵を募ると申ても名の立様有之間敷……最初名義を正しく不致候て胸算を以諸藩可応事と軽卒に動立候故、行先拙策に陥候事にて、大坂中の人気は弥増に悪敷悪計被行笑止千萬の事に御座候……」と、理のない戦を仕掛ける幕府の問題や、幕府の内情や征長の愚策を論じている（『文書』八〇参考）。

非義の勅命――第二次長州戦争(2)――

慶応元年九月一六日、将軍家茂は長州藩征討の勅許を得るため大坂城から京都二条城に移った。これに対し、大久保は長州藩征討の勅許を阻止する運動を展開する。大久保の主張は、「長州において昨冬開兵后早速御処置振御達相成候はば無異儀可奉拝伏候」「全幕之私闘に候得ば、長州仮令伏罪とは乍申首を伸して相待候道理無之と奉存」と、長州藩としては一度伏罪しているのであるから、それ以上の罪はないとしている。さらに幕府の私闘であれば、長州藩も罪に服しているとしても、首を伸ばしたまま待っているようなことはないだろうと述べている。

このことは、大久保が西郷に対して「若朝廷是を許し給候はば、非義之勅命にて朝廷之大事を思、列藩一人も奉じ候はず、至当之筋を得、天下万人御尤と奉存候てこそ、勅命と可申候得ば、非義勅命は勅命に有らず……」と、たとえそれが勅命であったとしても、天下万民が納得いかないものは「非義之勅命」であり、「非義之勅命」は勅命ではないとし、受け入れ難いことを述べている（『文書』八四）。

前節「たとえ勅命といえども……」の項でも紹介したが、「奉勅も真之奉勅に不相成候義」と、たとえ勅命であったとしても受け入れ難い点を主張していた。つまり、大久保にとって天皇が出す勅命は、天皇の主体的意志によって出されるものではないことを含意していたし、悪く言えば都合よく解釈できる考えでもあった。ただし、決して無力だとは思っていない。鳥羽伏見の戦いの時、錦旗を翻して進軍したように、皇軍の効果も充分意識していた。

話を戻そう。大久保は、さらに「大久保一蔵の議なることを何方へなりとも仰せ出されよ」と主張した。この大久保の大立回りは、他藩にまでも知れ渡っている。この話を聞いた一橋慶喜は激怒した。「一橋《(徳川慶喜)》大に激怒して、一匹夫の言を聞き軽々しく朝議を動かさるる如きは天下の至変と云うべし、斯の如んば、大樹《(将軍家茂)》初め一同職を辞するの外あるべからずと申放しければ、殿下殊の外迷惑せられ、遂に奏請を容れらるることに決せり」と、一橋慶喜は大久保のことを一匹夫の発言であるとし、その意見で軽々に朝議を変更させることは天下の至変であると（『文書』八四参考）、強く懸念を表明したのである。徳川将軍や諸大名で議論して長州征討を決めたことなのに、薩摩藩（外様大名）の一家臣の主張で覆るのでは理解し難いことは確かである。

もちろん幕府側にも長州征討に反対する意見もないわけではなかった。たとえば、勘定奉行を免職とされ寄合になっていた大久保一翁は「長州御処置は第二三にて兎角天下之条理相立候義急務なり」と指摘している。大久保は、この大久保一翁に会談を申し込んでいる（『文書』九一）。

大久保は第二次長州戦争を強く批判した。これにより薩摩藩の大久保は知る人ぞ知る存在になった。そして、大久保と慶喜の間の個人的な溝も深まった。慶喜を将軍後見職に推挙したのは久光であり、応援したのは大久保であった。それは大久保がかつて尊敬した君主斉彬の遺志でもあった。しかし、もはや大久保には幕府を支えようという姿はない。薩摩藩は幕府との関係を見限り、長州藩と接近するようになったのである。

結局、大久保の運動はかなわず、幕府の第二次長州戦争の勅許は、九月二一日に発せられることになる。

薩長盟約――第二次長州戦争(3)――

慶応元年七月、第二次長州戦争が開始される前、井上聞多（井上馨）や伊藤俊輔（伊藤博文）は長崎に行き、海援隊士や薩摩藩家老である小松帯刀らを頼り、イギリス商人グラバーから銃砲を購入した。さらに同月二八日、井上聞多は小松帯刀と共に鹿児島に着いている。この時、家老桂久武や大久保などと会合し、長州藩と薩摩藩との融和を図っている（『維新史料綱要』）。

薩摩藩にとっては薩英戦争によって、長州藩にとっては下関戦争によって、いずれの藩も欧米列強の軍事力を身をもって感じた藩となった。お互い共有するところもあったのであろう。

そして慶応二年正月、長州藩と薩摩藩との間で密約を交わしている。それは、①長州と幕府の間で戦争になった時、長州藩が勝利した時や、長期戦になった時は終戦を、あるいは幕府軍が江戸へ帰還した時には長州藩の「冤罪」を取り除くよう、それぞれ朝廷に働きかけること、②長州戦争が始まった場合、薩摩藩は二〇〇〇の藩兵を鹿児島から派遣し、在京の兵と共に京都・大坂を固めること、③一橋、会津、桑名などの諸藩が朝廷を掌握し続ける場合は、薩摩藩が対決姿勢を示すこと、④今後は薩摩藩と長州藩が共に「皇国之御為」に誠心誠意努力することを確約している。

いわゆる薩長同盟といわれるものである。注意したいのは、薩摩藩と長州藩との間で文書を取り交わしたわけではない。その意味では同盟という表現は正確とはいえないだろう。ただ、この時、長州藩の木戸孝允や大久保・西郷は、倒幕派として政局に当たっている。彼らは久光への説得を含めて諸藩を動かしており、実質的な担い手であった。そして、西郷や大久保は、盟約通り薩摩藩を動かしている（猪飼「明治維新と有司専制の成立」）。よって、ここでも薩長盟約と呼ぶことにしたい。

大久保、薩摩の誇り——第二次長州戦争(4)——

幕府の第二次長州戦争は失敗であった。岩下は大久保に宛てて「芸州其他寄手、都て敗走見苦敷次第」と、長州戦争における幕府の失態を伝えている。さらに、「出兵御断之書面も勝より何故御留置不被成候哉と論候処、板大に後悔之由故……」と、出兵拒否の書面について、なぜ慰留しなかったのかと、勝海舟から指摘されると、老中板倉勝静は後悔していたことを紹介している。そして、「板閣会等之処薩之嫌疑大に解合候由……」と述べている（『文書』九八参考）。

大久保の征討拒否の主張は、正しかったことが示された。このことは、薩摩藩内において、大きな影響を与えた。薩摩に帰国している西郷は大久保に対し、「御討論之段、乍毎貴兄之持前とは乍申、雄々敷御論、実に御両殿様御満足被遊、余程大久保が出来たと御意被遊」と、幕閣を向こうに回して正論を主張し切った大久保の姿勢が藩内において絶賛されたことを紹介し、「天下之耳目を御定有之候儀、御国家之美事後世青史に正著たり……」と、天下に注目されることになった薩摩藩は歴史的にも誇るべきごととして、「因循国も正論国と相変じ候心持にて、鹿児島が広き様覚申候、御察可被下候」と、薩摩藩の雰囲気自体を変えるものであるとまで賞賛している（『文書』九七参考）。第二次長州戦争に対する大久保の非戦の主張は幕府の命令に抗して、義を貫いたものとして評価されたのである。さらに、それが正しかったこととして強く受け取られた。大久保はこの時、薩摩藩の人々にとって誇りとなった。

共和の大策

慶応二年七月二〇日、一四代将軍家茂が死去した。二一歳の若さであった。これにより再び、京都に激震が走ることになる。七月二八日、幕府は慶喜を宗家相続人とする勅許を奏請し、翌日勅許された。ところが慶喜は、将軍職に就任することを固辞したのである。この時、慶喜は諸侯を招集し長州征討の処理と共に、諸侯の合意をもって将軍職に就任することを期待したのである。結局就任するのは一二月五日のことであるが、大久保は、この将軍空白期に幕府廃止の主張を展開する。

九月四日、佐幕派として知られた関白二条斉敬と朝彦親王が辞職を申し出ている。九月八日、大久保は西郷に宛てて「橋譎詐百端之心術至平を以賢侯之公論を容れ候儀も無覚束、内実は今般諸藩御召之事も断然朝命之処は色々御拒み申上候次第にて其底意も推計せられ……」と（『文書』

一〇四)、慶喜は信用し難い人物と評し、賢公による公論を容認しようとせず、さらに将軍辞退について「此儀は諸藩来会迄は相動申間敷候付、誠不可失機会と存候間、共和之大策を施し征夷府之権を破、皇威興張之大綱相立候様御尽力奉伏冀候、成否に拘らず可竭は此時と愚考仕候、何分宜敷御周旋之程伏て御頼申上候」と、諸藩が集結するまでは将軍の着任を辞すとの見通しのもと、幕府を潰して、かねてから温めていた雄藩体制を基礎とした「共和之大策」を構築するチャンスであると西郷に強い協力を要請したのである。

大久保がこの時構想した共和制への発想は今に始まったわけではない。かつて、西郷隆盛が勝海舟と会談した時に、西郷は条約改正に対する考えを尋ねている。この時、勝は「幕吏を軽侮いたし居候間、幕吏之談判にては迚も難受。いづれ此節明賢之諸侯四五人も御会盟に相成、異艦を可打破之兵力を以、横浜竝長崎之両港を開、摂海之処は筋を立て談判に相成……」と、幕府官僚が交渉に当ったとしても、異国人は幕府官僚のことを侮っており難航するであろう。むしろ、明賢侯が四五人ほど集まり異国船を打ち破るほどの兵力を有しつつ、談判に応じれば、異国人は条約に応じると述べている。

さらに、勝は「共和政治をやり通不申候ては……断然と割拠の色を顕し、国を富すの策に不出候ては相済申間敷義と奉存候……」と、共和政治を展望した意見を述べている。この勝の意見を聞き、西郷は「現事に臨候ては、此勝先生とひどくほれ申候」と、大久保に宛てて感想を述べている(『文書』六六参考)。この西郷の書翰に接し、大久保もまた「勝安房守へ御面会之由、議論

之趣実感服仕候」と、西郷が勝と面会したことで、同様な意見をもつ人物が幕府側にもいること

を知り、感動を伝えている（『文書』六六八）。

話をもとに戻そう。慶喜の将軍就任が遅れる中、慶応二年九月八日、前福井藩主であった松平春嶽は、同藩士青山小三郎を薩摩京都藩邸に派遣し、久光に上京の意志があるか否か、岩下方平に尋ねている。この時、岩下は、大久保に相談し、上洛を促すことを応えている。それを受け、早速松平春嶽は、久光に向けた書を岩下に託して、すぐに上京を促した（『維新史料綱要』）。さらに九月二三日にも、「御上京御決定被為在候は一日にても速に御上京之処、万々奉伏冀候」と、久光の上京を催促した（『文書』一〇五）。しかし、久光は上京しなかった。結局、松平春嶽は久光との会合をあきらめ帰藩する。

一〇月、大久保は内大臣近衛忠房に対し、朝威を興張して幕府を制御すること、将軍宣下をやめること、兵庫港を開鎖する件を評議すること、長州藩処置は諸侯会議に委ねることなどを建策した（『維新史料綱要』）。

しかし、こうした大久保の一連の目論見は挫折する。慶喜は参内し天皇に拝謁した。さらに王政復古を推進していた晃親王は蟄居、正親町三条実愛、中御門経之、大原重徳の三人は閉門になった。そして、とうとう一二月五日、慶喜は将軍に就任する。かくして、大久保の目論見は挫折する。

そんなおり、幕府との公武合体を強く支持していた孝明天皇が疱瘡で死去した。慶応二年一二

月二五日のことである。これにより、幸か不幸か大原重徳、中御門経之、晃親王、正親町三条実愛などが赦免になった。翌年三月二九日のことである。

7 倒幕の決意

四侯会議と将軍権力

慶応三年三月二五日、久光が藩兵七〇〇名を率いて鹿児島を出発し、翌月一二日に京都の薩摩藩邸に到着した。四月一五日には元宇和島藩主伊達宗城、翌一六日に元越前藩主松平春嶽、さらに五月一日に元土佐藩主山内容堂が入京した。

かくして、五月一七日、山内容堂の土佐藩邸で島津久光、松平春嶽、伊達宗城が集まり長州藩への処分について話し合いがなされている。長州藩に対して寛典処分（寛大な処分）でまとまった。それを将軍慶喜に提案したのである。

ようやく、薩・越・土・宇による四侯会議が実現した。この処分は薩摩藩にとって、薩長盟約の実行を意味していた。しかし、兵庫開港問題、長州藩処分など、議論の調整が難しく、結局、五月二四日に決まった。大久保はこの決定を「大樹公《（将軍慶喜）》より摂政殿始へ暴を以奉迫、御微力之朝廷不被為得止」と、将軍慶喜が強引に決めたものであると主張している。それは、「朝廷御沙汰に就ては、前以四藩より被仰立候御趣意とは大に齟齬いたし、実に意外なる次第」「御沙汰之御書付拝見仕、実以意外之次第不堪驚愕仕合御座候、従朝廷御沙汰之儀容易可奉申上筋に無之、驚懼之至奉存候」と、四侯会議で決まったこととは別な形で朝廷の沙汰が出されたのである。そのことが「驚愕」したこととして「黙止罷在候場合に御座候間、不得止一応奉伺候」と問題視している（『日記』）。

この四侯会議の意を超えて幕府による強引な決定を大久保は問題視している。「四藩之御公論を採用悔悟反正勅命奉戴正大公平之道を以　皇国之御為に尽力可致と之趣意毛頭不相顕、是非私権を張、暴威を以正義之藩といえども、圧倒畏伏せしむる之所、為顕然明白にて実に不可助之次第に御座候」と、四侯会議で取りまとめられた「公論」を、将軍権力＝「私権」によってねじ伏せられる姿を問題視し、このままだと「天下に大義を被為唱候無二之御忠誠全水泡と相成のみならず、皇国之大事去、終に幕府朝廷を掌握し、邪を以正を討、逆を以順を伐之場合に至り」と、憂える事態になるだろうという認識を示している。そして「此上は兵力を備、声援を張、御決策之色を被顕朝廷に御尽し無御座候ては、中々働き相付兼候……」と、ここに倒幕を意識するに至ったのである（『文書』一―二四）。

将軍慶喜の大政奉還論

慶応三年六月、土佐藩士後藤象二郎は、坂本龍馬が主張した政権を朝廷のもとに戻し、列侯会議を権力の主体とする公議政体樹立の提言（いわゆる船中八策）を支持した。この八策とは大政奉還を前提にしながら、議会開設、官制刷新、外国交際、法典制定、海軍拡張、親兵設置、貨幣整備などの八カ条を提言したものである。この日、後藤象二郎や坂本龍馬らが薩摩藩士小松帯刀、西郷、大久保と会合し、幕政返上や王政復古運動に関して協約を結んだ（『維新史料綱要』）。こうして、土佐藩は大政奉還路線を藩論にして運動することになったのである。

慶応三年九月七日、後藤象二郎は、薩摩藩家老小松帯刀と西郷のいる京都鹿児島藩邸を訪ねている。この時も大政返上の建議を議論した。小松帯刀たちは、この建議に対し、挙兵することで応えている（『維新史料綱要』）。将軍が政権を返上したとしても、結局のところそれは倒幕を意味したわけではない。それでも九月九日、後藤象二郎は福岡孝弟と共に、小松帯刀、西郷、大久保に対し挙兵時期の延期を求めている。しかし、小松帯刀らはこれに応じていない（『維新史料綱要』）。

さらに、九月二七日、土佐藩の後藤象二郎は大久保に対し、再度建白書を提出する意向を伝え、ようやく二八日に薩摩藩は土佐藩に大政奉還の建議書を提出することに同意したのである。ただこの時の同意は、もはや大久保にとって本心とは言えないだろう。

かくして、慶応三年一〇月二日、土佐藩は大政奉還の建議書を幕府に提出することを決め、翌日、後藤象二郎は山内容堂を通じて、大政奉還建白書を提出したのである。

ちなみにこうした徳川将軍権力の政権返上の発想は、この時に突然主張されたことではなかった。文久二年一〇月、側御用取次であった大久保越中守（一翁）は、当時政事総裁職であった松平春嶽の相談役であった横井小楠に対して「今度は何処までも攘夷は国家の為め得策にあらざる旨を仰立られ、然る上万一京都に於て御聞納れなく、矢張攘夷を断行すべき旨仰出されなば、其節は断然政権を　朝廷に奉還せられ、徳川家は神祖の旧領駿遠参の三州を請い受けて一諸侯の列に降らるべし、尤しか政権を奉還せられたらば天下は如何なり行くべきや、予じめ測り知られねど、徳川家の美名は千歳に伝わり……」と、政権返上を主張し、徳川は駿河・遠江・三河の家康時代の旧領に復することを提言している。

さらに松平春嶽が一橋慶喜に対し「開国主義若　朝廷に於て容られ、さらば幕府は断然政権を返上せらるる事に覚悟を定め、さて此覚悟を以て人心を鼓舞する事にしては如何」と政権返上を提案したところ、一橋慶喜は「大に御同意なり、しかし重大の件なれば閣老始に申聞くる事は尚考察の上明朝御相談に及ぶべし」と、慶喜個人としては賛意を表明している。さらに翌日には「政権返上の件を一橋殿熟考せられし由にて、明らかに閣老に申聞けなば、定めて同意とは申すけれど、従来果して事実を決定するに至るべきや否や測られず、故に須臾明言せず」と記している。このように、慶喜自身は元来政権に執着していたわけではないことがわかるだろう（『続再夢紀事』二）。

薩長芸の盟約

土佐藩が中心となって大政奉還の建議が進められる一方、大久保らは着々と倒幕への動きを進めていた。この時期、土佐藩が中心となり朝廷を主軸に据えつつ、幕府も加わった形での政権を展望する公議政体派と、薩摩藩が中心となり、あくまでも幕府は参加しない形で雄藩によって政権を展望する倒幕派があった。

大久保はもちろん倒幕派である。もともとは公議政体派と同じ考えをもっていた。たとえば慶応二年一月二三日、大久保は越前藩の中根雪江と対談した時に、「倒幕の論ありけれど是も弁論に及べり」と倒幕の問題が話題になっている。それによれば、「要するに幕府に対しては異議なけれど、条理を失わるるに至りては議せざるを得ず、されば幕府の議、此上公論を容れられ橋公にも文久度の如くならんには隅州にも必出府尽力せらるべし、又大久保一翁、勝安房守の両氏を除きて幕府に其人あるべからず、此両氏を登庸せらるると登庸せられざるとは天下人心の嚮背に関係す云々」と、この段階では幕府の存続は否定しておらず、公論を受け入れるか否かが問題であるとし、さらに人材的に大久保一翁や勝安房守などを登用することが鍵としている。しかし、そうはいうものの「方今京師の形状　朝廷はあれどもなきに齊しく、百事一会桑の心のままなるよし、如何にも憤激に堪えず」と（『続再夢紀事』十五）、結局、朝廷の動向が、一橋・会津・桑名藩によって主導されている状態に憤激している。そして第二次長州戦争の決め方など、それまでの動きを見る中で、公式合体論から倒幕論へと転向したのである。

話をもとに戻そう。慶応三年九月、小松帯刀から薩摩藩の方針を聞いた広島藩家老辻維岳は、広島藩に報告している。この時、大久保は山口に向かっている。九月一七日に藩主毛利敬親・広封父子を始め、木戸孝允・広沢真臣らと面談している。そして、一九日には薩長の出兵条約を結んだのである。そして、広島藩は勘定奉行植田乙次郎を正式の使節として山口に派遣した。大久保はこの一九日に植田乙次郎と会合する。そして翌日、長州藩と広島藩の間で出兵協定が結ばれたのである。

こうして、一〇月六日、大久保は岩倉村に蟄居していた岩倉具視のもとを訪ねている。さらに、一〇月八日、薩摩藩では大久保のほかに小松帯刀、西郷隆盛、安芸藩は辻維岳（家老）ほか三名、長州藩では広沢真臣と品川弥二郎が集まり、会議が行われる。かくして、三藩は「朝廷抛国家必死之尽力可仕事」など三条の取り決めが確認されたのである（『文書』一―三―一）。

倒幕の密勅

慶応三年一〇月九日、大久保は岩倉具視に薩長芸の三藩の決議を伝えた。そして、とうとう一〇月一四日、正親町三条実愛の邸宅で島津父子と毛利父子それぞれに宛てた倒幕の密勅が大久保と広沢に出されたのである。皮肉にも同日、徳川慶喜が大政奉還の上表を朝廷に提出した。この倒幕の密勅に対し、広沢真臣（長州藩）、福田侠平（長州藩）、品川弥二郎（長州藩）、小松帯刀（薩摩藩)、西郷隆盛、そして大久保利通は連名で中山忠能、正親町三条実愛、中御門経之、岩倉具視に対し倒幕の密勅の請書を提出した。土佐藩の大政奉還路線とは別に、大久保は着々と倒幕の計画を進めていたのである。

言うまでもなく、勅命とは天皇が命令を出すものである。この倒幕の密勅は、実際は岩倉たちが出したもので天皇ではない。そのことをわかっていて、大久保は勅命として利用した。大久保ならではの勅命に対する考えと言えるだろう。

一方、徳川慶喜は大政奉還の上表だけでなく、一〇月二四日は将軍職の辞表を朝廷に提出した。これを受け、翌日、土佐藩は、議奏正親町三条実愛を通じて公議政体実現を主張した。さらに松平春嶽を説得して、有力諸侯の会議開催を促し、「公論」を通じて朝議を動かすことを主張したのである。このため大久保は、公議政体派の動きを封じる必要があった。

大久保は一一月二九日に正親町三条(議奏)と会談し、「王政復古之基本を立度旨之見留にて、是非断然之尽力に非ざれば、成功難致」と、王政復古の大号令を実施する決意を促した。さらに一二月一日には中山忠能を説得した(『日記』)。その上で、一二月二日、大久保は西郷隆盛と共に、後藤象二郎に政変の計画を明らかにし、同意を取り付けた。大久保は西郷隆盛と共に、もはや薩摩藩を越えて天下の正義と公論を主張する立場となっていたのである。

王政復古の大号令の裏で

慶応三年一二月九日、薩摩藩、土佐藩、尾張藩、越前藩、安芸藩の兵が公家の門を固めた。その上で小御所会議が行われ、いわゆる王政復古の大号令（大令）が発せられた。これにより、摂政・関白をやめ、将軍を廃止し、国事御用掛・京都守護職・所司代などの旧体制の中枢は廃止し、代わって天皇のもとに総裁（皇族）・議定（公卿・諸侯）・参与（廷臣・藩士・庶人）の三職を設置した。さらに夜から二度目の小御所会議が行われた。この時の様子を振り返ってみよう。

一二月九日夜の小御所会議には、高御座を中央に据えて、左側に有栖川帥宮熾仁、中山忠能、大原重徳、中御門経之、山階宮晃、正親町三条実愛、仁和寺宮彰仁（小松宮）、岩倉具視などの親王、公卿が着座した。それに対座して徳川慶勝（尾張藩）、松平春嶽（越前藩）、山内容堂（土佐藩）、浅野茂勲（安芸藩）、島津茂久（薩摩藩）の五藩の藩主や旧藩主が着座した。さらに、敷居をまたいだ、三之間には大久保を初めとして、後藤象二郎（土佐藩）、中根雪江（越前藩）など、各藩の藩士一一名が並んだ。この時、山内容堂が、「此度之変革一挙陰険之所為多きのみならず、王政復古の初に当って、凶器を弄する甚不祥にして……」と、述べたのである（『丁卯日記』）。さらに、これまで二〇〇年以上もの平和を維持し続けたのは徳川将軍であり、王政復古の大策を建て大政奉還の英断を行なったのも徳川慶喜である。それにも関わらず、この場に参加させないのは「公議」の意味を失うものである。よって、すぐに徳川慶喜の参内を主張したのである。

それに対して、三之間にいた大久保は、幕府の近年の罪は重く、官位と所領を奪うことなしに、徳川を信用することはできないと、強く反論した。それに、岩倉具視も同調した。しかし、山内容堂は持論を主張し、徳川慶勝（尾張藩）に対して、「如何《いかが》」と問い詰めると、徳川慶勝は「容堂の説の如し」と答えている。結果、「薩を除くの外は、悉越士二侯と同論なりといえども……」と、大久保と岩倉の意見に同調したのは薩摩藩主島津茂久と大久保と共にいた岩下方平（薩摩藩）のみであった。

しかし、とうとう「尾越担当あって、明日御登城之上、将軍職御辞退を被聞召之条は如左、辞将軍職之事被聞召候事」と、徳川慶勝（尾張藩）と松平春嶽（越前藩）が二条城にいた徳川慶喜に対し、将軍職の辞任を承認すると共に、「吾公より御達有之、官禄之二条は二条御含を以、内府公より御内願之筋に御周旋あるべきに決せり」と、慶喜の辞官＝官（内大臣辞退）納地＝禄（所領返上）を、慶喜自身で進言することを申し伝えることにしたのである（『丁卯日記』）。

辞官納地をせまる

小御所会議の結果を受け、岩倉具視の諮問に応じて大久保が作成した徳川慶喜に対する沙汰書案は、「一今般辞職被聞食候、付ては朝廷辞官之例に倣い、前内大臣と被仰出候事、一政権返上被聞食候上は御政務用途之分、徳川領地之内夫々取調之上天下之公論を以て返上候様可被仰付候事」と述べ、いわゆる「辞官納地」を指摘したものになっている。しかも同文章について、大久保は「別紙之通御確定之上は一字一点も御添削不為出来候」と、一字一句たりとも変更しないことまで主張していた（『文書』一六四）。

これに対し、越前藩、土佐藩、尾張藩を初めとして多くの反対意見が出されている。大政奉還以来、恭順の意を表明している徳川家に対し、処分が厳しいとの指摘である。

そもそも「政権と領地と、将軍職と官位とは各自別段にて」と、そもそも将軍職と官位と政権と領地はそれぞれ別の存在であり、天下が王土であるからといって、王が勝手に取り上げるべきではないことを主張したのである。他方、大久保や岩倉具視は、官位だけでなく、四〇〇万石という圧倒的な権力基盤（土地や人民）を取り上げることなしに徳川家の権力は維持し続け、王政復古は形骸化するものと考えていた。結局、二条目の部分について、「徳川領地」を「領地」に、「返上」を「確定」に変更した。かくして、一二月三〇日、徳川慶勝と松平春嶽は諭書を大坂城の慶喜のもとに持参し勧告したのである。

木戸孝允は、当時の状況について、新政府において土佐藩が主張する公議政体派が優勢であり、①徳川氏の処置を武力で行わず、公議政体派に譲歩したこと、②徳川慶喜が大坂城に移り、旧幕府軍で固めると共に、諸外国に条約履行の責任をとる通告を発し責任の所在を自身にあるとしていること、③このままでは徳川慶喜は参朝し、議定に就任することが想定されること、などを指摘し、現実に王政復古が実現することに憂慮を示していた。

公議政体派の主張を黙らせるためには、徳川（幕府）が朝廷と対立する存在になる必要があったのである。倒幕を主張している大久保は劣勢だった。大久保は焦っていた。なんとかして、徳川を朝敵にしたかったのである。

徳川慶喜は、徳川慶勝と松平春嶽が持ってきた辞官納地の勧告を結局受け入れなかった。この間、江戸では薩摩藩の益満休之助や伊牟田尚平が組織した浪士隊による関東撹乱工作が行われていた。慶喜は恭順の意を表明し、我慢し続けていたが、旧幕府軍は我慢し切れなかった。そんなおり、江戸での庄内藩が薩摩藩邸に発砲・出火の話が伝わった。旧幕府軍は勢いづいた。とうとう慶喜は倒薩表を掲げ、戦う決意を固めた。戊辰戦争が始まるのである。

8　幕末の大久保利通

第1章は、幼年時代から、薩摩藩を背景とした大久保が倒幕を画策した時期までを取り上げた。京都・江戸を舞台に、岩倉などと王政復古派の朝廷勢力と連携しながら活躍する大久保であったが、あくまでもそれは、薩摩藩士としての行動であった。王政復古の大号令の段階、大久保は、他藩と比較しても急進的な倒幕論者であった。思想的に述べれば、政権交代こそが国家変革であると考えていた。しかし、注意しておきたい点として、もともとの大久保は倒幕論者ではない。この点の思想的推移を本章最後に整理しておこう。

大久保は、政権交代などの自己表現のあり方を、精忠派を組織し「突出」として実現しようとした。井伊直弼などの幕閣暗殺計画である。身分制社会のもと、下級武士として生まれ、外様藩であり、しかも藩論を動かす実現性がとうてい難しい中、このような「個人として何ができるか」という発想は、自然なものといえるだろう。それが、久光との出会いを通じて、大久保は大きく変容した。藩という組織を通じて何ができるかを考えるようになったのである。「個としての自分から組織としての自分」へと変容したのである。つまり、それは桜田門外の変、西郷「突出」事件による島流し、寺田屋騒動など、一連の事件は大久保自身にとって、組織の一員になることを思想的に理解していく過程でもあったのである。ただ、他方でそのことは、組織としての活動に馴染まずに取り残された仲間との、辛い決別をも生むことになる。友情との決別を取り上げる時、しばしば、大久保と西郷の関係が取り上げられるが、こうした要素は大久保には常に内包していたのである。

組織の一員として、重責を担うに従い、大久保は薩摩藩を代表する立場として行動する。薩摩藩が雄藩の一員として発言権を強める中、大久保は元藩主で早逝した斉彬の遺志を汲んだ、公武合体、公議政体論を展望していた。大久保の夢は久光の上洛、江戸入りの結果、一橋慶喜を将軍後見職、松平春嶽を政事総裁職に任じられたことで実現する。こうした公武合体論は、長州藩の攘夷過激派とは一線を画したものであった。

大久保の公武合体論は、公（朝廷・天皇）と武（幕府・藩）の合体を展望したのに対し、幕府（慶喜）の公武合体論は公（朝廷・天皇）と武（将軍・幕府）の合体論であった。この決定的差異と失望は、大久保にとって倒幕へと進めることになったのである。

第2章　明治維新

1　明治維新の流れを作る

宮中が戦場——鳥羽伏見の戦い——

慶応四（一八六八）年一月二日、徳川慶喜は倒薩の表を掲げ、一万五〇〇〇名を擁して京都に向かった。むしろ慶喜が先頭に立って出動したというよりも、王政復古の大号令によって京都を追われた会津藩や桑名藩が先頭に立ったという方がよいだろう。

京都へ向かう途次、薩摩藩が鳥羽を、長州藩は伏見を固めていたが、旧幕府軍と揉みあう中、翌三日、とうとう鳥羽街道で戦いの火蓋が切られたのである。鳥羽伏見の戦いである。そして明治二年五月一八日に榎本武揚が五稜郭を開城するまでの約一年半にわたる戊辰戦争が始まった。

二日、西郷に対し慶喜が上京している様子を伝えている。この時大久保は、戦わなければ「皇国之事は夫限、水泡と相成可申……」と述べ（『文書』一六九）、強い決意を表明している。それでいながら「昨日来坂兵会桑等大兵戎服にて大砲小銃押立追々着伏押て入京候はば、不得止及防戦候段、相達候由承る」と、会津藩・桑名藩などが大砲や小銃を押し立てて京都に来襲したのを受けて、やむを得ず戦いに至ったと述べている。

大久保は岩倉具視のもとにいき「朝決可被為在必死言上、且愚考紙面差上候」と、すぐに開戦を主張する書面を認め、朝命を発することを要請した。そして、仁和寺宮嘉彰親王が征討将軍に命じられたのである。その時、伏見への進軍に当たり「錦旗を飄し官軍之威を輝し候事」と記されている（『日記』）。こうした「官軍」の征討大将軍の出陣と錦旗により、旧幕府軍は一気に戦意を喪失させたのである。

大久保はこの日徹夜した。翌四日も「寸時も座すること不能」とある。大久保自身は戦場に出ていたわけではないが、朝廷内の動揺を抑えるためには、一寸たりとも休むわけにはいかなかった。朝廷が幕府側を支持するか、討幕派を支持するかは戦況次第であり、流動的であった。

三日から六日にかけて、鳥羽、伏見、淀、八幡の各地で旧幕府軍は敗走した。さらに淀藩や津藩（藤堂）などに至るまで新政府軍に与している。ここでの戦いでも薩摩藩と長州藩の活躍が大きかった。「土芸は一日位戦候迄にて、薩長両藩にて全くの勝利と相成」と記されているように（『日記』）、土佐藩や芸州藩は一日程度戦っただけであり、三日から六日にかけてずっと戦い続けたのは薩摩藩・長州藩だった（『文書』一七五）。

六日の夜、慶喜は老中板倉勝静、元京都守護職松平容保、新撰組近藤勇などと共に大坂城を出て、翌朝開陽丸に乗船し、そのまま江戸に帰ってしまった。旧幕府軍の憤慨によって倒薩の表を標榜したのであるが、逆に倒幕派の術中にはまったという感じである。

翻る錦旗

正月一〇日、大坂城が焼失した。地雷の発火が原因といわれる。なぜ、地雷が発火したかは不明だが、畿内西国における幕府の威令が実質的に失墜したことを象徴する事件であった。慶喜が江戸に帰帆したのは正月一二日のことである。

論功行賞において、大久保は「賞罰之御内話も承候間、談合之上決て長薩に私し給わず、戦候藩には同様に御褒賞被為在候様精々申上置候処、先其通御治定にて御座候」「内実は両藩之力を以社此にいたり候訳ながら、外に同様賞を被与候得ば、大に感動之場も可有御座と奉存候」と、薩摩藩と長州藩の活躍が甚大であったとされるが、それでも、参加した各藩に対し同様の褒賞を与えることで感動もあるとし、平等に論功することを願い出ている（『文書』一七七）。

この鳥羽伏見の戦いによって、これまで慶喜を新政府に参加させるよう主張していた山内容堂たちの公議政体派の目論見は水泡に帰した。鳥羽伏見の戦いは、新政府軍全体の勝利というよりも、大久保、岩倉の勝利であったのかもしれない。

慶応四年一月六日、大久保は東寺の本陣に行き軍事参謀に命じられた。翌七日、大久保は東久世卿などに従い八幡や橋本に出向き戦地を巡見している。「屍未其侭にて最も所々焼失目も当られぬ有様也」と、屍がそのまま残されており、目も当てられない惨状であった。翌日も大久保は八幡に出向いている。この時は、征討将軍であった仁和宮の巡見でもあったため、錦の御旗を掲げての行進であった。

この時の様子について「御巡覧宮御出にて錦之御旗を被飄威風凛烈、誠に言語難尽心地にて、老若男女王師を迎候て難有難有といえる声感涙に及候……」と、天皇親政が実現になった京都の歓喜に大久保は感動している（『日記』）。錦の御旗が威風堂々と翻り、そのもとに多くの人々が集まり、感激している様子を見ながら、大久保自身も感動していたのである。

2　新政府の家臣か薩摩藩の家臣か

岩倉の涙

意外なことが起きた。八日夜、岩倉具視が大久保のもとにやってきた。そこで、大久保が軍事参謀を引き受けたことに対して、厳しく、そして涙ながらに叱ったのである。岩倉は「相共に謀り死生を共に致度思召候、今朝廷如此御大事之砌跡を如何致し候や、一応不伺御受之義、甚御不満之由にて御落涙にて……」と、岩倉は大久保に対し生死を共にする覚悟を伝え、大久保が軍事参謀を辞退するように促したのである（『日記』）。

旧幕府軍との戦端は開かれたばかりである。これまで大久保は薩摩藩からの役割を背負って朝廷を舞台に活躍してきた。薩摩藩士である大久保にとって、今後どうなるかわからない旧幕府軍との戦いで、西郷と共に軍事参謀として果すべき役割を担うことは当然であった。しかし大久保は、岩倉とのこれまでの友情と涙に負けた。この時大久保は、戦闘によって命を懸けるのではなく、朝廷や各藩との調整に命を懸けることを決意したのである。大久保が薩摩藩士としての立場から決別した時期を探るとしたら、この時からともいえるだろう。

確かに岩倉は、大久保のパートナーとして登場し、強い意志で朝廷を牽引した。大久保は、朝廷で暗躍しているが、表で発言する立場ではなく、常に近衛や岩倉などを通じて調停工作を行っていた。だから、慶喜が「一匹夫の言を聞き、軽々しく　朝議を動かさるる如きは天下の至変と云うべし」と激怒したのも、ある意味筋が通っている。その意味で、大久保の意志を朝廷に伝える上で岩倉の存在は重要であった。

岩倉にとっても、大久保のような強いパートナーが必要であった。徳川慶喜が倒薩表を掲げた際、岩倉は山内容堂と激論を交わしている。この時、岩倉は、最後に「最早今日を手切と思食候、此上扶幕之御考に候はば、早々坂地へ御下り十分に慶喜を御助可被成、少も遺憾無之候……」と述べている（『文書』一七六）。岩倉は山内容堂に対して「手切」とまで主張し、慶喜を支援すればよいとまで主張した。しかし結局、鳥羽伏見の戦いでは公議政体派の諸侯は、旧幕府軍に加わることはなかった。この時のやりとりを通じて、大久保は岩倉のことを「此卿は希代之人傑と可中、今日此に至りしは、一人の力と謂つて可なるべし」と評している。

大久保の朝廷工作は岩倉を通じて行われた。また、岩倉は大久保を生涯信用し、大久保は岩倉の期待に応えた。この関係は明治維新以後も、大久保が死ぬまで続くことになる。

新政府の家臣か薩摩藩の家臣か

慶応四年一月七日、鳥羽伏見の戦いでの勝利を得た新政府軍は、慶喜追討令を発した。また、前後して、山陰道鎮撫総督、東海道鎮撫総督、さらに東山道・北陸道両鎮撫総督を任命している。二月三日には天皇親征の詔が発せられ、九日には有栖川熾仁親王を東征大総督に任じ、江戸総攻撃を決めている。他方、旧幕府軍は新撰組が甲陽鎮撫隊を組織し甲州街道で戦端が開かれることはあったが、ほとんど戦闘はなかった。

当の慶喜は恭順の意を表明し、旧幕府陸軍総裁の勝海舟を派遣し、大総督府参謀であった西郷と江戸薩摩藩邸で面会し、江戸城無血開城を決めたのである。江戸城総攻撃の直前のことである。その後、戦場は東北地方から北海道へと移動した。大久保は京都にいて戦場には随行していないが、随時情報が入っている。「官軍へ帰順之藩不少、関以西鎮定は無申迄東海東山北陸山陰之諸道鎮撫使到処悉く降伏せざるは無之、実に愉快之至に御座候」「御出馬錦旗飄々として厳威三軍に振い如何なる大逆無道といえども、豈是に伏誅を免れ可申哉……」と、官軍への帰順も順調で、ことごとく鎮圧している様子がわかる。錦旗の効果も抜群であった。倒幕の方針、錦旗の作戦いずれも功を奏し、大久保は「愉快」であった（『文書』一八六）。

新政府は東上・北上して転戦する一方で、新たな体制作りを始めた。正月一七日、総裁、議定、参与の三職のもとに七科を設置したが、すぐに二月三日に三職八局としている。大久保は、すでに慶応三年一二月に参与に就任していたが、一月一七日徴士と内国事務局判事に命じられた。徴士、内国事務掛を命じられたことについて、大久保は「今日之行懸り不得止一応之御受仕候付、是亦御序之節以御賢慮被仰上候……」と、行き掛かり上やむを得ない事情を述べ、藩当局の許可を得て就任している（『文書』一八二）。新政府の役職に就任するためには、藩からの許可を必要としたのである。

正月二七日、「中将公御筆を以て、岩下氏西郷小子三人不容易尽力を以て今日之形勢に至り、別て御満足被遊候趣御褒詞を奉蒙候事」と、大久保と、岩下方平、西郷隆盛は王政復古の周旋に尽力したことで、久光（中将公）から感状が出されている。大久保にとっては、新政府の家臣だけでなく、いまだ薩摩藩の家臣であった。

維新政権における大久保の位置

天皇が政府に下問したり、逆に政府が天皇に上奏する関係は一つにまとまっていた。このため、そのルートにある役人（官吏）が、いわば実権を掌握できるシステムになっていた。天皇の近くに常時侍る近習に対して、知りえた政治向きを漏洩することを禁じ、かつ天皇に直奏することはできなかった。

後述するが、この点は大久保が大坂遷都の建議に当たり「因循の腐臭を一新」と主張するように、朝廷内の刷新を促したこととも関係する。当時、大久保がしばしば使用した「因循」という文言に示された古い仕来たりや習慣によって改めようとしない行為を払拭することなしに、天皇を頂点とした中央集権を確立することはできなかったのである。

「政体書」の作成過程を紹介しよう。副島種臣が初稿を作成し、福岡孝弟が潤飾を施して、素案を作成したことが知られる。その後の処理は神山郡廉の日記によると、「太政官分為七官と調べ書藤次より被託自分浄書して、大久保一蔵へ迄今日差立、岩倉卿へ差上呉候様頼置候事」と、神山が浄書して、大久保・岩倉へと渡されている。つまり、「政体書」の作成は、副島（初稿）→福岡（潤飾、案文作成）→神山（浄書）→大久保→岩倉と、副島種臣と福岡孝弟が原案を作成したものを、大久保・岩倉のところで実質的な協議と結論を得て、さらに三条を経由して直接天皇のもとへと渡り、裁可を受けていたのである（猪飼隆明「明治維新と有司専制の成立」）。

つまり、国家意志決定に岩倉・大久保が決定的な位置にいた。さらに「政体書」において、天皇と輔相（三条・岩倉）を結ぶルートが確定していた。このように、維新政権下で重要案件の承認を得るためには、天皇の裁可を必要としており、その裁可を得るためには、輔相による上奏が必要であったのである。その下にいた大久保は、必ず自身の意見を盛り込むことができる立場にいたのである。

同様なことは、五箇条の誓文においても見ることができる。もともと五箇条の誓文の素案は、由利公正によって作製されたものであるが、『由利公正伝』を参照すると「先考が其案を福岡氏に示すや、氏は列侯会議を興し、此五ケ条を盟約と為さんと言い、標題を『盟約』と記し『列侯会議を興し』という一句を挿入し、次に先考は末尾に『諸侯会盟の御趣意右等の筋に可否仰出哉大赦之事』と追書し、其次に福岡氏は小字を以て縦列に一列侯会盟の意志は無かりしかども、福岡氏と協議の結果会盟に改め、福岡氏の清書せる案を東久世卿に託して岩倉公に致し、後三月十四日特殊の形式を備えたる御誓文と為りて発表せらるるに至れり、但し福岡氏の提案たる列侯会議を興す事及び先考の立案中、内貢士期限を定め云々の一条は削除せられ、『列侯会議』に代るに『広く会議』を以てし、新に『旧来の陋習を破り天地の公道に基くべし』の一条を加えられしが、其の他の四条は字句の修正を施したるのみ……」と述べている（『由利公正伝』）。つまり、福岡孝弟（土佐藩）に見せたところ「列侯会議を興し」となり、その後、岩倉具視や木戸孝允らによって「広く会議を興し」に変更されたのである。

それは、土佐藩の福岡孝弟は公議政体論の立場なので、近世以来の朝廷と西南雄藩を含めた諸侯会議の延長による政治形態（列侯会議）を構想していたのに対し、岩倉、木戸によって藩主だけでない藩士なども巻き込んだ政治形態（広く会議）を構想していたことから、岩倉のところで文言の修正がなされたのである。

つまり、この時期、議定・輔相（副総裁）であった三条または岩倉の決裁を得ることなしに天皇へ上表されることはなかった。そして、三条の場合木戸孝允が、岩倉の場合大久保利通が背後に控え、それぞれの意志を発動したのである。つまり、維新政府として、議案の決裁を得るためには、岩倉具視（大久保）、三条実美（木戸）の承認を経る必要があった。その意味で、維新政府における大久保の地位は役職や官位以上に絶大だった。大久保が「朝廷で暗躍する」「隠然たる権力」などといわれる背景には、こうした側面によるところが大きかった。

このシステムは、大久保は征韓論議の「秘策」として用いられることになる。この点については、後述する。

3　天皇親政の推進

玉を奪われては

慶応四年一月一七日、大久保は総裁である有栖川宮から新政府のあり方について意見を求められている。この時大久保は、「今日に立至り候次第、実に大慶奉存候処、此上之処今一層之御大事に候間、戦を御忘不被為在、断然之御尽力被遊候様自古一時之功を遂げ、因循苟且大機を失候例不少候……」と、一時期の動きで喜ぶことなく、速やかに徳川氏討伐を断行し、朝権の確立を主張している（『日記』）。さらに、大久保は一月一九日、三条実美や有栖川宮に対して大坂への遷都を建議した。

この大坂遷都の建議は、この時の突然の発想というわけではない。慶応三（一八六七）年九月一八日、大久保が山口に行った時のことである。毛利家藩主を始めとして家臣一同の中で、王政復古の方向性を示している。その際、動座（天皇の座所を移すこと）について見通しを述べている。この時大久保はすでに、決挙が行われれば、どこかへ動座することもありうるし、まず当面は浪華への遷座を主張している。さらに、幕府が外国と同盟して摂津・京都に危険が及ぶことがあれば、どこかの列藩のうちで地形が適当な場所に動座することもありうると述べている。

動座とは、貴人、神木、神輿などの座所をほかに移すことを指すが、この場合は天皇を対象としているといってよいだろう。そして、「禁闕奉護之所、実に大事之事にて、玉を被奪候ては実に無致方事と甚懸念思召候、返す返すも手抜は無之筈ながら別て入念候様御頼被成候云々、曰死して以てここは尽し奉る覚悟に御座候……」と、「玉（＝天皇）を奪われて」は、大変な事態になりかねないとし、入念に対応するように述べている（『日記』）。

そして、この動座の考えを具体化するため、慶応四年正月二三日（『日記』）、大久保は山内容堂、松平春嶽、伊達宗城などが居並ぶ中で外国との交渉などにおいても便利な大坂への遷都を建議した。しかし、この建議について公議政体派の諸侯にとっては、武力倒幕を推進するものとして受け止められていた。久我建通がいうには、大坂遷都は薩摩藩と長州藩が私権を握る恐れがあるという噂があり、土佐藩や安芸藩、とりわけ後藤象二郎もその噂に同論であるとしたのである。この時大久保は「因循説を以て拒候為之策に相違無之」と、朝廷内部の「因循説」によって否定的になっていると判断した。大久保は岩倉邸で木戸孝允と共に久我建通を詰問したところ「愈因循之策にて後藤関係なきこと明白いたし」と、後藤は関係ないことを主張している（『日記』）。結局、遷都までいかずとも、まずは行幸によって遷都の先がけにしたのである。

二月一日、大久保は岩倉に対し大坂への行幸と、征東を主張した。結果、二月九日に大坂への行幸、太政官代を大坂に遷すことが決定された。結局、遷都ではなく、当面は親征ということで大坂行幸を行い、遷都を準備したのである。しかし、江戸の開城が行われたため、大坂への親征は一〇日間の駐留で京都へ再び遷される。

民の父母としての天皇を……

大坂遷都の主張として興味深いのは、この時、大久保の天皇観が示されているところである。大久保は、旧来のような玉簾の中で現人神のように振る舞い、一部の公卿だけしか拝顔できないことを批判し、むしろ民の父母として天皇は振る舞うべきであると述べている。さらに、「数百年来一塊したる因循の腐臭を一新し、官武の別を放棄し、国内同心合体一天の主と申し奉るものは……」と、主張している（『文書』一七九）。大久保自身が煮え湯を呑まされ続けてきた朝廷内の暗い「因循」を打破し、王政復古には官と武を一体化し、天皇のもとに国民が統合する政治を期待したのである。さらに、軍隊の調練などに対する天皇自身による叡覧や、御座への女房の出入りを禁止するなど細かな点を含めた宮廷改革を提言した（『文書』一八八）。大久保は行幸をきっかけにして三条実美と岩倉具視に宮廷改革の意見書を提出したのである。

それでも、大久保にとって、この大坂親征は不満が多かった。大久保は木戸孝允に宛てて「御親征之発端は遷都之御意味柄よりして御施行被為在候処、重々機会を被失、終に半途之者と相成、今日之御姿にては全有名無実之義に落中候……」と、そもそもの親征の目的は遷都であって、このままでは中途半端なものとなり、有名無実な結果に陥ると不満を洩らしている（『文書』二〇二）。

ただ、朝廷への因循を厳しく指弾している大久保ではあったが、四月九日、天皇に対し京都や関東の様子について大久保が報告しているが、「御出輦後、殊之外人心居合宜敷、当分にては何も懸念之廉無御座候、各安業於諸藩も調練等勉励別て静謐之段、且亦関東表之義慶喜恭順相立弥御平定之模様」と、天皇の行幸に伴う京都の状況や関東の徳川慶喜の恭順の様子を報告し、三条実美からの取次で「御安心可被遊退出せよ」との沙汰を受けている。その日の『日記』を参照すると、「実に卑賤之小子、殊に不肖短才にして此如玉座を奉穢候義絶言語恐懼之次第、余一身仕合候感涙之外無之、尤藩士にては始めての事にて実は未曾有之事と奉恐懼候」と、天皇に対し藩士が直接報告したのは大久保が初めてのことであり、「感涙之外無之」と、感動している（『日記』）。

近代国家は、天皇を神格化していく。大久保も同様な考えを持つようになっていく。ただ、維新期当時の大久保は、天皇をより民衆と身近な存在になることを目指していた。大久保は、天皇による親政を形式だけでなく実質的にも身近な存在にすることを目指していたのである。

都を東京へ

慶応四年六月二七日、大久保は木戸や大村益次郎、大木喬任と共に天皇の東幸の案をまとめ、三条実美に言上して内諾を得た（『日記』）。これにあわせて、七月一七日には江戸の呼称を東京に変更している。

大久保は東幸の効果を得るように配慮している。木戸孝允に対して出された書翰でも「不遠御出輦之御布告にて商民等之人心相定、格別動揺無之候故大幸に御座候、御懸念被成まじく候」と、人心の動揺がないようにしながら「御出輦被為在候て始て万歳を唱へ可申候間……」と述べている（『文書』二―四〇）。

結局、九月二〇日に天皇は東幸のため京都を出発することになるが、それにあわせ、「御出輦御東着之上は……御主意則日偏く人民之心にも貫徹仕候様有之度、付ては其期御施行被為成候件々等得と現場之処御取調らべ被為在置……此大好機を以百廃相挙り不申ては恐多くも御発輦之御苦労水泡に属し候のみならず、前途之処甚御むずか鋪可有之……」と、上京した際には、人心を掴む必要があることを木戸孝允は大久保に述べている（『文書』二―五二参照）。天皇のもとに民衆を編成していこうとする木戸や大久保の意図を見ることができるだろう。

こうした大久保が意図的に天皇親政を人民の中に取り込もうとする取り組みは、遷都（東幸）の時だけではなかった。徳川の時代から王政へと移行したことを儀礼行為によって示し、明らかにしようとしたのである。

慶応四年三月、得能良介からの文書校閲の依頼に対し、「万民塗炭之苦を不被為忍、至仁之聖旨より不得止追伐被仰付事候得ば、厚御趣意を体認奉らずんばあるべからず、強に誇り弱を凌ぎ、万民を苦しめ法律を乱し候は、則賊之所業に候、堂々たる官軍は恩威並行い秋豪も侵す事なく到る処、王化之忝を感伏奉り候様無之候ては不相済候付、克々其正邪相分るる所謂を相弁じ候義、着眼之肝要とすべし」と述べて「右之意味合相加候てはいかが」と、指摘している（『文書』一九三）。大久保は意識的に、天皇による王化の効果を盛り込み、官軍の正当性を主張したのである。

一〇月一三日、天皇が東京に到着した。供奉した人数は二三〇〇人にも及ぶ。沿道の式内社二三社は幣帛が出され、各地の孝子・節婦が褒賞された。また七〇歳以上の高齢者、罹災者、それぞれ一万人以上もの人々に賑恤されたのである。これらの金額は一万両を超え、さらに東京市民には酒肴が振る舞われた。東京では山車や屋台が出され、数日にわたってお祭り気分だったといわれる。

東京にいた大久保は、この時の様子を「行列壮麗天威堂々、貴賤箪食壷漿実千載一時之盛典感喜不可言」と記してある。天皇による江戸への東幸は、将軍の膝元であった江戸っ子の心を掴むことに成功したといえるだろう。その後、天皇の東幸は約二カ月で済み、一二月八日東京を発し、二二日に京都へ戻っている。

明治二年三月七日、天皇は再度東京に向い、二八日に到着した。これに太政官も移ることになり、事実上の東京遷都となる。前年の東幸とは異なり遷都は静かなものであった。天皇が東京に向かっていた一八日、大久保は京都にいた。その日は京都西本願寺に行き、岩倉としばしの舟遊びを楽しみながら囲碁に興じている。二度目の東幸は、もはや大久保にとって関心事ではなかったのである。

4 藩との決別——版籍奉還——

全ての土地と人民を維新政府のものに

明治元年九月一八日、大久保は木戸孝允に会っている。木戸の考えは、各藩の版（土地）籍（人民）は全て幕府から朱印を分け与えられているが、そもそも土地は幕府のものではないという立場であった。このため、木戸は名分を正すためにも各藩の版籍を朝廷に奉還すべきであると主張したのである。木戸の考えに対して、大久保は「一諾尽力」を約束した（松尾正人『廃藩置県の研究』）。早速、大久保は小松帯刀の邸宅にうかがい、岩下方平などとも相談し、薩摩藩内の調整を要請した。

明治維新とは、旧体制の朝廷の政治組織と幕府を廃止したことを意味したが、旧体制としての藩は残った。結局、幕藩体制では、石高制に基づき個々に宛てがわれた領地に対して、藩は年貢・役を負担とし、財源に充てていた。幕府は天領と呼ばれる直轄領と金山・銀山、貿易収入などがあった。しかし、維新政府にはこういった財政基盤はなかったのである。よって、国民の統合や政権を集中するだけでなく、実際に政治を運営するために必要な財源の確保が求められたのである。

すなわち、中央集権を強固にする必要性からも、個々の領主の領地を朝廷に納める必要があった。そのためにもまず、全国の土地と人民は天皇のものであり（王土王民）、臣下が私すべきものではないという大義名分を明らかにし、中央政府が全国諸家への統制力を強めることがまず図られたのである。ただし、それはすぐに藩を廃止しようとするものではなかった。

こうした廃藩置県の動きは、慶応四年二月の段階にすでにあった。大久保は蓑田伝兵衛（薩摩藩）に対し（『文書』一八六）、朝廷の出費は莫大であり、薩摩藩に対し長州藩と共に一〇万石の返納を提言している。そうすることが、朝廷だけでなく諸藩や外国までも「両殿様勤王無二の御誠心拡充被為在候御美事にて……」であると提言している。これを受け、薩摩藩主島津忠義から一〇万石の返納の願書が出されている。ただ、この時は三月に入り薩摩藩自体も軍資金などが不足したため返納は許されていない。

明治二年一〇月、この維新政府の財政不足に寄与しようと大久保は、木戸らと共に賞典禄の半高分を返納する願いを出している。さらに、翌三年には残りの半高分までも返納している（『維新史料綱要』）。

「急進的」版籍奉還の断行

明治二年正月一〇日、大久保は小松帯刀、吉井友実、伊地知貞馨に対し、「長州に対候ても御信誼立兼候半、兎も角も迂闊千萬之事にて別て当惑仕候……」と、長州藩との信義に関わることとし、薩摩藩内の版籍奉還の合意を急ぐよう尽力を促している。同史料によれば、版籍奉還とは「土地人民御返上被成度御建言」であり、それは長州藩とはすでに調整済みであり、薩摩藩の調整が遅れることは、薩摩と長州との間の信義に関わるので調整を急ぐことを指示したのである（『文書』二九二）。

かくして、明治二年正月一四日、薩摩藩、長州藩、土佐藩の会合が行われ、版籍奉還の建白書提出が決まり、正月二〇日、薩摩藩主島津忠義は長州藩（毛利敬親）、佐賀藩（鍋島直大）、土佐藩（山内豊範）の連名により、幕府から分け与えられた諸侯の領地や領民は本来は天子の土地と民であるので、藩主が私有する権利はないとした版籍奉還の上表を行った。しかし、朝廷では採否を決められず、五月四日に三条実美が薩摩、長州、土佐、肥前四藩の意見を聴取した。そして、薩摩藩が調整した結果ではなく、薩・長・土・肥の四藩の合議による結論であることが大事だとし、薩摩藩では吉井友実が広沢真臣（長州藩）と話し合いとりまとめることを指示している（『文書』三三六）。

この時期、公議所からは大国に府を置き、府のもとに一〇万石単位の県を設置するという府県制案が提起されていた。さらに、公議所は藩主を知事にし、世襲することとし、藩臣を朝臣、旧領地を従来通りとする、旧来の領有制に近い提案がなされている（松尾『廃藩置県の研究』）。

また、五月一六日には藩主を「知州事」「知藩事」とし、小藩を統合して州とする案などが提案されている。

これらの提案に基づき議論を積み重ねた結果、版籍奉還の内容が固まった。六月四日、大久保は薩摩藩の得能良介に対して「版図返上之事も近々御運可相成候」と、まとまりつつある見通しを伝えている（『文書』三四四）。同じ日、薩摩藩の桂久武に対しても「両三日中御発表相成可申」と、同様の書翰を送っている（『文書』三四五）。それによると、「先知藩事と被仰付藩判事、権判事之順序に相成、家事之入用藩政之入用区別を立、取調申出候様御達相成……」と、①知藩事、藩判事、権判事の順序となること、②家の財政と藩（公）財政を分けて取り調べるように達せられる見通しを述べている。ただ、藩政については当該藩に任すこととし、段階的に改革が行われるべきとの意見が多いと述べている。しかし、その一方で、「断然郡県ならでは、只名目之改り候迄にては寸益無之など之空論、頻に被相行候由に御座候」などと、「断然郡県」としなければ、名目だけで意味がないという急進的な意見があることも指摘している。ただ、大久保の見解は、木戸孝允や伊藤博文などのような急進的な意見ではなく、段階的に行う方がよいというものであった。そして、六月四日の段階では大久保は自身の案が通るものと楽観視していたのである。

他方、急進的な意見とは、伊藤博文が中心となり木戸孝允や後藤象二郎が主張したものであった。伊藤は、名分だけでなく「万世不抜の基礎」を確立するように主張していたのである（松尾『廃藩置県の研究』）。つまり、伊藤の考えは、藩主が知藩事に任用され、世襲となるのであれば、結局、廃藩置県の意味がないと判断していた。さらに同月一四日には伊藤博文は会計官権判事の辞表を提出して抵抗している。大久保たちの版籍奉還を段階的に実現しようとした立場に強く不満があったのである。そして、とうとう、岩倉・大久保は「世襲」の二字を除くことに同意した。明治二年六月一七日、公卿諸侯の称が廃止され華族に統一され知藩事が任命されることによって、版籍奉還は勅許されたのである。そして、この版籍奉還によって旧藩主二六二人が知藩事に任命されることになった。そして、それが廃藩置県になっていく。

版籍奉還については大久保も賛成であった。しかし、大久保はもっと緩やかで段階的な変革を望んでいた。急激な変革は新政府の様々な施策に藩主から理解を得ることを難しくする恐れがあったのである。大久保が現実主義であるとか、漸進主義であるといわれるのは、こうした現状を見据えた上で判断したことによるのだろう。しかし結果として、土壇場で木戸孝允や伊藤博文の主張する「急進的」版籍奉還が断行されたのである。

大久保の人材登用

慶応四年閏四月二一日、官制改革が行われ、太政官のもとに七官（議政官、行政官、神祇官、会計官、軍務官、外国官、刑法官、のち民部官設置）が置かれた。この時、上局構成者の藩士が朝臣となるが、この時、参与になったのが、薩摩藩（小松帯刀、大久保利通）、土佐藩（後藤象二郎）、佐賀藩（副島種臣）、長州藩（木戸孝允）、熊本藩（横井小楠）、越前藩（由利公正）である。

ただ、この時点では、彼らは出身藩から独立していたわけではない。従軍藩兵の武力が中央での発言力の基礎であった。明治二年正月、薩摩藩では戊辰戦役に従軍兵の勢力が強大になり、藩重臣に対する排斥運動が起きている。この時、大久保は岩倉に「私情を以論候得ば、累代臣子之情義難黙止、是以度外に視る事不能、殆んど進退困却茫然たる次第に御坐候」と述べ、帰藩を願い出ている（『文書』二一九七）。「累代臣子之情義」という封建的主従関係は、この時期においても大久保の行動を規制する力をもっていたのである。しかし、大久保はもはや藩臣ではなく、全国的な視野にたち、全国的な問題の処理を担う中央政府の役人であった。よって、藩のできごとは大久保にとって私情であった。

大久保は「長藩の議に長薩の朝廷たるようにては不相済との論、一通り当然とは相考候え共、如此御急迫に臨んで左右顧念あるべきものなるか」と述べ、「長薩の朝廷」と批判されたとしても、まずは二藩が連携しながら推進すべきであることを指摘し（『文書』一七一）、大久保自身も「広沢辺へも利害得失吐、肝胆反覆相談し、内輪相固め、其後総体に議事を懸られたく内存」（『文書』二二一）と、長州藩グループとの結束を求めている（遠山茂樹「有司専制の成立」『遠山茂樹著作集　第二巻』）。

大久保は、岩倉から薩摩藩の主張に偏重しているという批判を受けた時、「内実は旧藩論彼是被唱候義も有之候え共、只今日は其誼を正うして其利を謀らず、其道を明かにして其功を謀らざる之古言に安着仕候外無御座候」と、藩論に依拠すべきでないということはわかっていながら、藩論に基づかざるをえないと答えている（『文書』三七三）。政府内で意見を通す上で、この時期、大久保もまた藩閥に依存していたことは否めない。藩閥に依存することで、無理を主張することもあった。

明治二（一八六九）年六月、森有礼（薩摩藩）は廃刀令を建議し、結局反対され引責辞任を迫られている。この時、岩倉具視は、外国事情にも通じている森有礼の能力を高く評価し、留任を希望し、大久保に見解を求めている。その時大久保は、「御尤に存候え共、此節においては断然之御処置ならでは、中々居合候丈に無御座候……」と、岩倉の見解に同意しながらも、ごく一般的な処置に理解を示している。ただ、「篤と小臣よりも致安心候様申聞可申候間、其段は御安心可被成下候」と、大久保が森有礼に対し、私的に対応することを述べている（『文書』三四七）。翌日、森有礼は位記返上し、免官となるが、処置は処置として、大久保がそれをフォローする関係を作っている。

大久保はその一方で「今在京列侯藩士因循苟且の徒のみ、就中議定職之御方、下参与職之者具眼の士一人も無之」と（『文書』一七一）、藩閥による人事を批判していた。そのため、大久保は学校新設を提言し、有能な人材を全国から発掘しようとしたのである。地縁や血縁に頼るような人事ではなく、能力によって人事の指標にすることが求められている。

木戸孝允に宛てた書翰を参照すると、「天下創業之時に当り、中々人物乏鋪御同苦之次第に御座候」と述べ（『文書』二〇二）、人材発掘の必要性を説いている。その中で、福沢諭吉、西周の名前も挙げている。そして「当時学校等御取建相成候より、速に旧幕之開成所同様之者御興し有之候義御急務と奉存候……」と、述べている。大久保は人事の面に厳しく、人材の配置も適材適所にすべきことを指摘していた。

たとえば、大坂府知事御用取扱を後藤象二郎の後任として由利公正を推挙する意見が出された時、大久保は由利財政の失敗もあり、大坂での信頼も薄いことから、不適任であることを主張している（『文書』三二一）。同じように由利を民部卿に推薦する意見が出された時にも、「同人も人傑には相違無御座候得共、一旦失策も有之、一時人望を失し候上……」（『文書』六二二）と大久保は否定的であった。

ちなみに、その後由利は福井に帰っていたが、明治四年六月、大久保は「茶呑咄にて日々を送り候事、実以気之毒千万に御座候」とし、岩倉に「此人英雄に相違無之、今日至候てはよほど御用立可申」と（『文書』六〇九）、新政府に呼び寄せることを提案している。由利公正は七月二三日東京府知事に任じられている。

5 中央政府を担いながら——中央と地方——

大久保、木戸の降格

明治二（一八六九）年四月、大久保は在職者の任用について、情実に基づく人事と冗官冗員を改めるために公選制をとることを主張している。そして、五月に投票が行われた。三等官以上に対し入札で互選にしたのである。その結果、大久保は最大の得票数四九票で参与となった。ちなみに議定の岩倉具視は四八票、木戸孝允が四二票と続いている（『文書』三三八参考）。六月に桂久武に提出した書翰によれば（『文書』三四五）、「大事之件々追々御運相成候得共、未朝廷不羈之根本相立不申候、一旦は殆ど土崩に至り不可成之勢御座候処、小御変革等有之、少は居合相付候姿に御座候……」と、大久保は、東京遷都や版籍奉還などが推進する中、朝廷の改革が滞っていることを嘆いている。

そういった中、明治二年七月に官制の改革がなされた。この時、輔相・議定を左大臣・右大臣・大納言に、参与を参議に名称を変えた。そして、その下に民部・大蔵・兵部・外務などの六省を設け、省の長を卿と呼ぶようにしたのである。この時の人事は、三条実美が右大臣、岩倉具視は大納言、副島種臣や前原一誠が参議となり、大久保や木戸孝允、板垣退助などは待詔院学士と閑職に退いた。同様に、民部卿となった松平春嶽を除いて藩主出身者が一斉に退任したのである。人事という面では大刷新であった。

この人事は七月八日に発表されたが、その前々日にすでに大久保はこの人事案を入手し、岩倉具視に対し、勝海舟や板垣退助の登用がなかったことへの不満を表明している、さらに「佐々木始種々及説得候得共、迚も不致承知……」と（『文書』三五二）、人事の不満をぶつけていた。この人事において、大久保と共に待詔院学士になった木戸孝允は「私いかに鉄面皮にても、対天下学士之名目を以、安じ居候事不相叶……」と即座に不満を表明している（『文書』三五三参考）。他方、大久保は、この閑職に就くことについて快諾した。

大久保は人事が発表される前は岩倉に不満を洩らしたが、発表後は沈黙を守っていた。岩倉具視に対し名称を待詔院に変更し、国政に関する意見を随時述べる立場へと変更するように述べるにとどめている。

朝廷の改革は懇親から

三条や岩倉による人事刷新の目論見とは別に、大久保と木戸孝允の両氏の影響力は甚大であった。結局、三条実美自身が、両氏に対し参議への就任を懇願するに至っている。この時、大久保と木戸は就任を固辞しているが、結局大久保は参議就任を内諾した。

七月二三日、参議に任じられた大久保は三条実美と岩倉具視に政務刷新を意図した三つの点を中心にした意見書を提案した。それは、一つに政治の目的を定める（定大目的、目的を定めなければ曖昧になる）。二つ目に政出一本（政令一途、各人が私見を主張していては、政令は一定しない）、三つ目に機事要密（機事の厳秘）であった（『文書』三五九）。大久保は三条・岩倉（朝廷）に対して、政事の遂行には「因循」を一掃する必要を感じていた。そして、人事は三条・岩倉の権限であったが、それは決して自由ではないことを言いたかったのである。

これまでは、さしもの大久保でもかかる権限に対して言い出すきっかけはなかった。大久保が待詔院学士を甘受し、即座に不満を言わなかったのはこのことを言いたかったに違いない。そして政務が滞り、三条と岩倉が泣きついてきた時、大久保は一気にこの問題点を指摘し、政府の改革を進言したのである。

八月一〇日には、大臣（三条実美、岩倉具視）、納言（岩倉具視・徳大寺実則）、参議（大久保利通、広沢真臣、副島種臣）の六名の連名による誓約書を取り交わした。「四カ条誓約書」といわれるものである。これは七月二三日の三事（定大目的、政出一本、機事要密）の意見書をもとにしたもので、政府は公平であること、政令一途、全国一和を基本として、皇威を宣揚し、国権を拡張することを約束したのである。また興味深いのは、三職は毎月三〜四度あるいは五〜六度各自の邸宅を往来し、懇親を深めることを約束した。

三条と岩倉は大久保を待詔院学士という閑職に追いやることで、図らずも大久保や木戸の存在の大きさを再認識する結果になった。そして、再び参議に就任した大久保は、このことを朝廷改革の梃子とし、幕末のころからずっと悩まされていた朝廷内の「因循」を一掃しようとしたのである。

木戸派と大久保派——民蔵分離問題（その一）——

明治二年ごろの新政府における人的関係を佐々木高行は以下のように記している（津田茂麿『明治聖上と臣高行』原書房、一九七〇年）。「先般、参与各官長、次官を投票にて任ぜられたれども、是は畢竟事情やむを得ざるより、衆望の帰する所により進退すべしと、至極公平の如くなるも、裏面は相変らず六ケ敷事にて、長州は木戸をはじめ、薩州が狡猾なりしと、維新より何かに付けて不平あり、且伊藤・井上又は大隈等は頻りに西洋主義にて、何事も西洋主義を主張し、木戸を押立て、大隈は真に木戸の書記の如く意を迎えたるにぞ、木戸も大隈を大に信じ、又三条は長州に縁故深く、長州よりは条公を我が物とし、我が藩にては後藤・板垣も木戸方にて、薩を厭ひ、大久保は別けて忌む景況なり、木戸は老公（容堂）とも親しく、屡々出入せるも、大久保はすべて其の事なし、薩は岩公に依り、副島は薩に依る有様にて、岩公も大久保も学問は之れなし、古例等は副島の力を頼むの風あり」。

すなわち、新政府内部には木戸孝允を中心とした木戸派と大久保を中心とした大久保派の二つがあり、木戸派には伊藤博文、井上馨などの長州藩、後藤象二郎、板垣退助の土佐藩と大隈重信で構成され、古くから親しい三条実美に接近していた。他方、大久保派は佐賀藩の副島種臣を抱き込み岩倉具視を立てていた（遠山「有司専制の成立」）。

著者の佐々木高行は土佐藩であったが、その立場から述べると藩主山内容堂を始めとして木戸と親密な関係にあった。この人的関係は、幕末以来の関係によるところが大きい。三条実美は七卿都落ちの一人であり木戸孝允とは幕末以来の付き合いがあった。岩倉具視と大久保は「岩倉の涙」で紹介した通り、幕末以来深い付き合いがあった。

もちろん、この場合の派閥といっても藩閥を基本とした政策集団であり、決して強固なものではない。いくつかの集団が、それぞれの政策に応じてアメーバーのように深化しながら集団を結束していたといえるだろう。

大蔵・民部大輔であった大隈重信は伊藤博文、井上馨などが中心となり、木戸孝允などとも親しく、多くの施政を実施してきた。たとえば、明治三年三月に電信機や蒸気車を建造することを主張し、政府財政や、人民の生活が疲弊するという意見に対し、大隈は施政の目的は民衆を富饒にするためであると論駁している。大隈は木戸派の一員として強力に開化主義的な殖産興業を推進していた（遠山「有司専制の成立」）。

それに対し、当時の大久保は、第一に天皇を中心とする正院に権威を集中する立場であり、一省が過剰に権力をもつことには抵抗があった。大久保は、急激な開化主義的な近代化政策は過剰な財政負担と新税をもたらすとし、漸進主義を主張したのである。

もちろん、大久保は文明開化に無関心ではなかった。たとえば、明治三年一一月には、「鉄道之事も外に目的有之との事に候得ば、此事件は第一政府にて御決定可有之事に候間……」と、鉄道開設についても関心を示している（『文書』五四七）。実際、明治四年九月には川崎まで三〇分間、初めて大久保は蒸気機関車に乗っている。大久保は「百聞一見に如ず愉快に堪ず、此便を起さずんば必ず国を起す事能わざるべし」と、愉快であった様子を記し鉄道開設の重要性を認識している。ただ、帰りは人力車で帰っている（『日記』）。

地方への眼差し――民蔵分離問題（その二）――

話を戻そう。大隈が中心となり実行した民部・大蔵省の強権的な地方政策は、凶作などもあり全国各地で農民闘争を招いた。このため、地方官が民部・大蔵省に対し強く反発したのである（松尾『廃藩置県の研究』）。明治三年三月二九日、大隈重信が大久保のもとにやってきている。そこでは、「成功を急ては成らず、是非不行届を責くれとの事」と、大隈は大久保に対し、これまでの取り組みが性急過ぎたことについて詫びを入れている（『日記』）。しかし大久保は許していない。

大久保は岩倉に対して提出した意見書にも、大隈と昨日談判し「三年五年に目的を立て、成功を急いてはならぬと申し、兎角我が宜いとおもう事も必誤候事多々有之」と、大久保は性急に改革を進めるべきではなく、長期的なビジョンを持つように諭すと共に、「此民を救うの良策あらましとの御赤心、実に難有次第にて、利通において雀躍飛揚して嬉敷奉存候、迂闊なる申上様に御座候得共、此御心を以御励精被為在候得ば、諸省自ら感動して一同朝に斃れん事をおもい候様相成候様は顕然、さ候えば救民之良策はいか程も出来候事は鏡に懸て明か也」と、民衆を救済することへの良策が求められたのである。そして、そのために尽力する必要があるとし、「木戸・後藤千人出で来り候とも、利通においては寸分も恐るる処無御坐候」と、この点において木戸孝允や後藤象二郎が一〇〇〇人いようとも負けないという決意を表明している（『文書』四三三）。

当時、日田県知事であった松方正義は、明治二年四月に旧来の土地制度の混乱や不公平の是正を指摘し、検地の必要性を主張した。さらに、明治三年四月、松方正義は、民部・大蔵省が抜本的な税制改革を行わず、「旧幕にも無き税金」を課したことについて、参議大久保利通に宛てて、苛政であると訴えている。こうした地方官や一部の藩による民部・大蔵省への強い反発を受け、大久保や広沢真臣などは、大隈および同省の開化政策を支持する木戸や後藤と対立を深めている。そして、明治三年六月二二日には大隈・伊藤などによる強大な民部省と大蔵省の権力の分離を意図して「岩倉公へ参集、我輩進退相願決然建論いたし候」（『日記』）と、大久保は辞意までも表明したのである。

六月二九日にも大久保は「民蔵両省引分」を論じている（『日記』）。そして、とうとう明治三年七月一〇日、大久保らの主張が受け入れられ、民部省と大蔵省の分離が発令された。そして、大蔵省には伊達宗城、大隈重信、伊藤博文が、民部省には岩倉具視、大久保、広沢真臣が任じられたのである。

さらに明治三年九月二四日、大久保は民蔵分離を徹底すべく、岩倉具視に対して、「自ら任じて過を引き、結局を我に取候様無御座候ては政府之信と云ものは立兼可申候」とし、「租税司を民部省へ被附候上は、大蔵は出納のみを職といたし、御受可申上と必申上候には相違無之候……」と、財政収入は民部省が担い、出納業務は大蔵省で行うように役割の分離を提案したのである（『文書』五一六）。

また、「知県事等之論斯迄に切迫相成居候事は、決て存不申候付、一同之実地論を聞かしめ候義肝要に御座候、実地を踏たる論を以来り候得ば、夫を議論のみにて推し候事は出来不申候、仍て愚論には初発より深く此に注意仕候事に御座候……」（『文書』五一九）と、「実地論＝（現場の意見）」に耳を傾けるように岩倉に宛てて提案している。このように大久保は、地方官を代表した立場として議論を展開していた。このことはその後の大久保の地方行政とも関わることでもあり、注目できる点である。

明治三年七月の民蔵分離は大隈などの地方への圧政を緩和し、権限の分散を意図したものであった。大久保は岩倉と共に民部省を掌握した。他方、木戸派も巻き返しを行っている。同年一〇月には工部省を設置し、民部省から製鉄、鉱山、鉄道、電信などの管轄権を移し、後藤象二郎を工部大輔にしている。

この工部省設置も、大久保は反対だった。大久保は岩倉具視に「工部省之事も既に御治定にて寮之筈之処、山尾辞表差出、終に省に御決定御発表有之候、条公も不得止御情実も被為在候や……小臣一人論じ候ても凡て他之差障に相成候外無之、条公より御談之節も何様にても可然と申上置候、畢竟下より迫られて廟議之動くと申事は何れも兼て御病根を慨歎仕居候事御座候処、此一条のみ主張して御病根を助け奉り候事」と、工部寮だったはずが山尾庸三の辞表提出により一転し、工部省に昇格したことを憤慨している。そして、「冗官之事も未一円御手相付不申候、分課も名目のみにて依然たる事に御座候」と、冗官整理もまったく手につかないと大久保は不満を述べている（『文書』五四一）。大久保はさらに吉井友実に「減員之事も草卒にやり立候ては人之正邪能否之別なく、却て混雑相生候……」と、省庁への人員減少を強く要請している（『文書』五四二）。

大久保は近代化を推進すること自体は否定していない。しかし、これが増員などを招き、地方の財政を圧迫することに強い憤りをもっていた。このため、大久保は大蔵省と民部省の分割を強く主張したのである。

6　廃藩置県の断行

薩摩に失望、酩酊す

明治三（一八七〇）年正月、大久保は鹿児島に戻った。島津久光、西郷隆盛の二人に上京を促すためである。しかし、いずれも病を理由に断られた。同じ時期、木戸孝允を山口に派遣し、毛利敬親を召還したが同様に断られている。

大久保と薩摩との関係が難しくなっている状況は前年から見られている。明治二年二月、大久保は人材を広く公平に登用することを主張したのに対し、薩摩藩の藩士の理解を得られず物別れになっている。大久保は「着眼之相違に依て雲泥之如く変じ、失望至極」と、見解が大きく相違し理解を得られなかったことに落胆している（『日記』）。このように中央政権に対する大久保の理解と薩摩藩の理解は、年を追うごとに違いが大きくなっていた。今回の厳しい対応もこうした表れといえるだろう。

話を戻そう。二月二四日には島津久光と話し合いの場が持たれている。この時も、新政府への不満がぶつけられた。大久保は新たな政治に対する説明をしたが、「第一御不平云々実に不堪愕然、小子愚存之次第は不憚忌憚曲直を明にし名分を正して及言上候」と、久光からの理解を得ることはできず、最後には「不可言之御沙汰等有之、不得止引退き候」と、「不可言（もう言うな）」といわれて、大久保は十分に説得できないまま愕然として引き下がったのである。

大久保は「嗚呼今日之事何之因縁なるや不存寄事也、熟考いたし候に、いか程御迫り申上、忠言を尽し候ても只々云々之御逃詞のみにて詮立候義無之……」と、ここでも落胆している。その日は、珍しく「及酩酊候（めいていにおよびそうろう）」と深酒を呑んでいる。余程つらかったのだろう（『日記』）。

大久保は帰藩する直前、明治二年一二月に、以下のように述べている。「王政復古の業を開きしも薩長及土芸等也、しかして天下列藩慣之当春に至り版図奉還を願者も薩長及土肥也、しかして天下列藩慣之其進退挙止天下の大勢に関係すること如此、今薩長天下の動静を伺い、退て傍観する時は天下列藩慣之、今薩長朝廷を重んじ、進んで盡す処あれば天下列藩慣之、其勢瞭然として顕わるべし」「今日力の強弱を計るに朝廷よりも威力ある者は薩長也、然るに両藩力を朝廷に用いずして藩々蓄え、不進して退くときは朝廷自ら微弱なる所以なり」と（『文書』四一二）、大久保は王政復古の大号令にしても、版籍奉還にしても薩摩藩・長州藩・土佐藩・肥前藩においてなされており、薩摩藩と長州藩が政局のイニシアチブをとっているという認識があった。そして、薩摩藩と長州藩の協力なくして政権運営の維持は困難であることを述べている。

他方で薩摩藩や長州藩、土佐藩などは、とりわけ政府批判が強かった。明治二年九月には軍政改革を構想した大村益次郎が襲撃され、明治四年正月には版籍奉還に尽力した広沢真臣が暗殺されている。このため政府も、各藩との間で円滑な運営を維持しようとしたが果されていない。大久保一人だけで旧藩主たちの意志を動かすことはできなかったのである。

前年の明治二年二月、大久保は勅使柳原前光と共に鹿児島に行き、島津久光へは上京を促す勅命が出された時は、病気を理由に息子の忠義が受け取っている。このときは「未聞之御待遇に奉預、且驚且恐心身措処を知らず、只々流涕仕之外無御座」と、感激して上京を約束していた（『文書』三一三）。薩摩藩は大久保への対応を次第に変えていくのである。

「岩倉勅使団」での薩摩・長州・土佐

明治三年一一月、大納言岩倉具視を薩摩・長州二藩に派遣することを決めた。島津久光と毛利敬親に政治参加を要請するためである。一二月一五日、勅使岩倉具視は、参議大久保利通を従え、大坂を出帆し鹿児島へ向かった。当初、島津久光は、病気を理由に上京延期を願い出ていた。しかし勅書の効果は抜群であった。二四日に城内で勅書を受けると、翌日「春中御上京御請之旨」と、上京することを応えている。さらに、その前の二二日には西郷隆盛の上京の同意を得ている。この時、大久保は「示談候処、盡々同意安心此之事に候」と安心している（『日記』）。その後、久光・忠義に暇を告げ、鹿児島を出発し、山口に向かった。この時、大久保は息子の彦之進と伸熊を連れて鹿児島を発っている。

一月七日、一向は山口に到着した。九日岩倉具視が毛利敬親に勅書を授けた。この時、「暫時御猶予御願之由」と、即答していない。翌日、大久保は西郷と共に、山口藩庁に出頭し、毛利敬親、元徳に謁見した。この時、木戸を始め藩庁役人も一同列席しているが、西郷が演説し、とうとう「此上は弥々同心協力、一藩を抛ち朝廷之御基本を助、驥尾に従て御尽力可相成との趣御決答有之候」と、旧薩摩藩と旧長州藩が協力しあって、藩個々の利益を据え、朝廷に尽力することを確認したのである。こうして、無事に薩摩・長州の二つで回答を得ることができた。

この時、大久保は「今度は難得機会候、此之挙取失候ては再度可救之術無之、就ては長士之結合第一之事に付ても、西郷小臣土州尽力之方可然故、老西郷へ及示談候処、尤同意之由故其筋に決定す」と、せっかくの機会でもあるので、土佐藩にも協力を仰ぐ事を西郷に提案している（『日記』）。この大久保の意見に西郷は同意し、さらに、木戸に相談したところ同意を得ることができた。こうして急遽土佐にも向かうことになった。

大久保は温泉好きである。湯田温泉に逗留し、一月一六日、参議大久保利通、鹿児島藩大参事西郷隆盛、参議木戸孝允、山口藩大参事杉孫七郎たちは山口を発った。翌日には浦戸港に到着している。翌一八日の朝には板垣退助がやってきて、下話を行い、一九日に、西郷も含めつつ、板垣退助、福岡孝弟と会したのである。この時も「何も無異論何れ知事へ申聞候上、可及返詞と之事に候、宜き都合にて大に安心」と、薩・長・土三藩で意志の確認をした。さらに、幕末時に大いに議論した山内容堂（知事）の意向についても確約がとれ、「大いに安心」となったのである（『日記』）。こうして「岩倉勅使団」は大いなる成果を挙げ、一月二一日に、大久保たち一行は高知を去った（『維新史料綱要』）。

大久保一人では、藩を動かすことができなかった。同行した岩倉の勅使という権威と西郷の巧みな遊説によって、三藩が再び一致することができたのである。

廃藩置県と人事刷新

明治四年二月一三日に薩摩・長州・土佐の三藩に命が下った。三藩の常備兵の大半に当たる大凡一七大隊（兵一万）は、六月までに上京し、親兵として兵部省に配属した。この鹿児島と山口の両藩兵を親兵に申し入れたのは、山県有朋が「国民皆兵」主義を原則としながらも、農工商出身者を含めた「徴兵規則」に基づく兵制が、なお困難と判断していたことによる（松尾『廃藩置県の研究』）。いずれにせよ、これによって、朝廷独自の軍隊を有することになった。

また、版籍奉還以来、廃藩置県は長州藩を中心とした木戸孝允、大隈重信、伊藤博文が積極的に推進していた。そして、長州藩の鳥尾小弥太、野村靖、井上馨などと共に廃藩置県の議論を展開していた。これに西郷が賛同することで廃藩置県は実現する。大久保は、最後の詰めの部分で廃藩置県の議論に参加している。七月九日、薩摩藩側からは大久保を初めとして、西郷隆盛、西郷従道、大山巌が、長州藩側からは木戸孝允、山県有朋、井上馨が集まり、廃藩置県の素案を練り、一二日に三条実美と岩倉具視に打ち明けている。岩倉具視は「恭悦と申迄もなく候得共、狼狽」と大久保に語っている（『文書』六二七参考其一）。廃藩置県は念願であっても、まだ先の話だと思っていたのだろう。明治四年七月一四日、「藩を廃して県となす大英断」である（『日記』）、廃藩置県の詔勅が下されたのである。

廃藩置県と同じ時期、政治改革が検討されていた。明治四年七月二九日、二官七省からなる太政官制が廃され、新たに正院、左院、右院を置く、三院制が設置されたのである。これは、木戸孝允が主張した「立法・行政に関する建言書」を基礎に制度取調会議の審議を踏まえ、新たな政治機構として定められたものである。正院は、太政官の最高機関とし、太政大臣（天皇を補佐する最高官職）、納言（後に左大臣・右大臣）、参議により構成された。左院は立法の諮問機関で、右院は行政上の諮問機関としたものであった。

この行政改革に先立ち、当初、大久保の構想では、「政一途に出る者、根本一なるにしかず、根本一なる者一人之人を立するにしかず」と、政事を推進するためには、一人が軸になる必要があるとし、六月一日には西郷に対して「木戸を押立、合力同心相助て」と木戸孝允を参議に据え政事の軸にすべきことを話し合っている（『日記』）。さらに一三日には、大久保は板垣退助に、西郷は山県有朋などに伝えて賛意を得ている。ところが、一七日、木戸孝允に相談したところ、承諾しなかった。結局、二三日「西郷へ訪、木戸両人政府の本に立、其余諸省に下りやるより外なし、然れば木戸に於ても異存無之と存じ候、西郷子任じ呉れらるべく及談合、終に同意有之大に安心」と、木戸と西郷の二人が政事の両輪となることで西郷を説得したのである。木戸もこの意見に「大悦也」と歓迎している。

その後、木戸孝允は大隈重信を参議に推薦している。この木戸の大隈参議案に対し、大久保は不満であったが、「大事之運に関す故に、篤と熟考今日のままにして瓦解せんよりは、寧ろ大英断に出て瓦解いたしたらんに如ずと、仍て大事之成るを目的にして小事を問わず同意いたし候」

と我慢している。このことは岩倉も同様に大隈などの参議再任に不満を表明した時も、大久保は「木戸へ異論終に合兼候故を以、大を取て小を去る之趣意」と、大を採って小を捨てるものであると、岩倉を説得している（『日記』）。結局、参議は、木戸孝允（長州藩）、西郷隆盛（薩摩藩）、板垣退助（土佐藩）、大隈重信（佐賀藩）の四名が就任することになった。大久保は大蔵卿、岩倉は外務卿となる。

大久保は大蔵卿になることで、得意でもなく、本意でもなく、また経験もしていない、経済政策、財政政策と向き合わなければならなかった。富国強兵という国家の命題のもと、大久保は好きなことだけしていればよいというわけではなかったのである。

大蔵卿よりも中務大輔を

明治四年六月二七日、大久保は大蔵卿に就任した。しかし、政治改革に伴い参議を固辞していた大久保は岩倉に対し「内々大蔵云々之事拝承仕候得共、是のみは真に目的相立兼候付、何卒御憐察を蒙り、外に御任じ被下度内願を申上候得ば、中務大輔之辺ならば十分盡し見度と奉存候、幾重にも奉歎願置候也」と、大久保自身の能力では大蔵卿では十分に役割を果たせず、新設の検討がなされていた中務省の大輔就任を希望していた（『文書』六二二）。

さらに明治四年七月一五日には三条実美に対し「宮内辺へ転任之事切迫歎願」と、宮内省への転任を願い出ている（『日記』）。幕末以来、朝廷内の「因循」を強く意識していた大久保だけに宮内改革の推進を強く目指したのである。しかし、井上馨は強く大久保を大蔵卿に据えることを懇願した。井上馨は大久保を擁立し、廃藩置県後の大蔵省改革を強力に推進しようとしたのである。

明治政府の財政問題は由利財政時には、太政官札を大量に発行し、幣制の混乱を招いていた。さらに大隈大蔵卿兼民部卿の時は開化政策を性急に推進したことで、地方との軋轢を招いていた。他方、大久保は数多くの建議を行っているが、経済政策についての建議はほとんどない。明治初年の由利財政の時に幣制の混乱が見られ、兌換が徹底しない時、金札の濫発という政府の失敗を人民に押しつけることは「王者之政とは難申奉存候」と厳しく非難している（『文書』三九四）。さらに「貨幣は万民を撫育するの根本なり」「金穀の相場、官より是を制する事は古今和漢なきことなり」とまで述べている（『文書』四一七）。

また、贋金問題で列国の外交団の代表公使パークスから厳しい批判が行われており、この処理に当たっていた大隈重信が、外国との談判（高輪談判）に当たり、とても引き受けるのは難しいと辞職を申し出ているが、大久保自身が説得して、なんとか再考を促している。その時、岩倉に対し、「廟堂においては、寸歩も御動揺無之様今更御確定之政体を動かされ候ては天下之笑を招き候義は無申迄、何事も御信義は立不申様に成候はば夫迄と相考候間、益御踏〆相成居、何様之議論相立候共屹然御不動之処呉々奉祈候……」と、動揺することのないよう励ましている（『文書』三五五）。

このように経済問題が政治問題や外交問題になる場合、大久保が関与することがあったが、具体的な経済政策について、大久保はこれまでも建議することはほとんどなかったのである。

井上馨と二人三脚で

井上馨は、大久保という力強い政事家を大蔵卿に据え、民部省と大蔵省の合省を目指していた。大久保としては、自身で民蔵分離を推進したのであるから気乗りしないのは当然であろう。

井上による民蔵合省の意見は七月二三日に聞いている。「朝今日井上より民蔵合省之談を承る小子決心之趣有之、内願いたし居候得共、猶勘考可致と相答置き候退出」と、決断を迫っている（『日記』）。しかし、大久保は気乗りしなかったようで、岩倉のもとに行き転任を願い出ている。さらに翌日も、井上が来たので、「井上示談之合省論相断り候処、同人不同意にて反覆異論有之候得共、種々陳じ置候退出」と、井上の主張（民蔵合省論）を断ったのに、再度井上は異論を述べて、再考を促している。さらに井上馨が「いか様とも手足と成、尽力可致候間趣旨承りくれとのことなるよし」と、大久保を強く引き留めている（『日記』）。

大久保は就任するか否か悩んでいた。そんなおり、由利公正がやってきた。財政で失敗した由利公正であるが、幕末期、越前藩で松平春嶽のもとで活躍していた時以来の付き合いで、財政家としても知られていた。久しぶりの面会で大久保は思いのたけを述べたところ、由利は「一々異論無之、左様ならば此通相運候後は奉職いたし候や」と、大久保の思いに異論はないとしながら、人選を初めとして自分に意見があるのであれば、そのように進めればよいのではないかと述べている。大久保も思わず「固よりと答え請合候」と返事し、引き受けてしまったのである（『日記』）。

大久保は、決断すると行動は早い。二七日には民部省を廃止し、民部省と大蔵省を合併している。民部省の廃止を受け、駅逓、戸籍、勧業の三司を大蔵省に移し、租税司を租税寮とした。これにより、大蔵省は既存の造幣寮、出納司、営繕司と、新設の紙幣司、統計司を加え、二寮七司にしたのである。

廃藩置県が終わり、全国を朝廷の直轄にすることで、財政をどのように確立するかが問題になっている。明治四年九月、大久保のもとで租税権頭松方正義は、地租改正を提案した。地租改正は、地所の耕作は持主の自由にすること、地所売買譲渡を自由とすること、穀物の輸出入を自由にすること、地引絵図を精細に調製すること、地価を定めそれに基づき租税を定めること、地所持主に地券を付与すること、などを提案したものである。この松方の提案に基づき、大蔵卿大久保は井上馨と共に「地租改正に関する意見書」を提出した（『文書』六四七）。石高制に基づいた多様な租税法を、「地所永代売買を許し、各所持地の沽券を改め、全国地代の惣領を点検し、しかして後更に簡易の収税法を設け、予じめ弊害を防ぎ、民に示すに毫も疑を容れざる画一の条令を以てせば永世不抜の良法と奉存候間……」と、地租改正を推進することを提案したのである。この地租改正事業は、明治六年七月に地租改正条例として定められることになる。

7　維新期の大久保利通

明治維新期、新たな国家を形作るために、大久保は全力を投入した。その一つが天皇親政の実現であった。幕末には「非義の勅命」などと主張し、勅命の効果を批判していた大久保だが、逆にそれだからこそ、その効果を誰よりも知っていた。倒幕の密勅を引き出し、錦旗を翻し、鳥羽伏見の戦いで勝利し、京都を練り歩くことで、新たな政府の誕生を表現したのである。これは、大坂遷都は挫折するが、大坂への行幸が行われ、そして東京遷都まで続くことになる。

大久保は、幕末から明治一一年で彼が死去するまで、中央の政界に居続けた人物である。木戸孝允も、西郷隆盛も、板垣退助も、ほとんどが政界から出入りしている。政界に居続けるということは、たとえ自身の意見が貫かれなかったとしても、自身の不満を抑えて、相手の意見を甘受することも当然あったということである。それは大久保の意とは異なり、地元薩摩の反発を招くことになる。近代国家として中央に権力を集中させようとすればするほど、地方の権力は脆弱化してしまう。また、新政府へ有能な人材を登用すればするほど、戊辰戦争で活躍した人材への処遇がなおざりになっていく。さらに、藩を弱体化させるということは、倒幕を推進した勢力の基盤をも弱体化していくことになるのである。

版籍奉還も、廃藩置県も、大久保の立場は漸進論であった。結論は同じであったが、地方から中央への権力移譲はソフトランディングでなされるべきであるという立場であったのである。しかし、大久保は持論を貫かず、木戸、伊藤たちの急進的主張に矛を収めている。薩摩では、そんな大久保のことを理解してもらえていない。むしろ、中央政府で改革を推進している一員として厳しく指弾されている。

それでは、大久保は地方を切り捨てていたかといえばそうではない。地方を支える意味での中央という立場から、地方と中央のバランスが重要であると考えていた。よって、大蔵大輔であり民部大輔でもあった大隈重信が推進していた開化政策が地方財政を圧迫していることが判明すると、一転攻勢に出て民蔵分離を成し遂げたのである。その覚悟は「木戸・後藤千人出で候とも、利通は恐れていない」というものであった。

後述するが、大久保は中央政権の権力者として、廃藩置県を断行し、身分制から解放した。しかし、それに対し、士族授産を推進し、地方行政の整備に努めている。大久保は、編成替によって対応しており、必ずフォローを忘れていない。目覚しい開化政策に目を奪われることなく、常に地方に暖かい眼差しを向けていたのである。

第3章　海外を見聞する

1　新たな国家を模索するために

洋行への意志

明治四年七月、廃藩置県が実現し封建制度が解体した。ようやく明治国家の原型が見え始めてきた。そして、次の大きな課題は条約改正である。明治四年八月、大蔵卿であった大久保は井上馨（大蔵大輔）と連名で関税課税権に関する意見書を提出している。それによれば「租税は経国の枢機にして即富強の根幹に候」と、租税は国家経済の根幹をなすものであるとし、さらに「内租外税以て経国百般の要費に供充し、海陸の軍備更張して自主国の権利を保存し、海外万国と対峙並行して相共に干犯凌辱無之様仕度……」と、内税と外税によって財政収入を得ようとしている(『文書』六二六)。よって、本来、関税貿易などは自国で立案することが可能なはずなのに、それが条約において認められないことを指摘している。

このように条約を改正し、関税自主権を獲得し、「物産の洪利富強の基礎」を立てる必要があった。条約改正は「国の隆替に関渉し不容易重件」であることから、外務省を含めてしっかりと改正の方策を練り、政府の「特裁に帰せしむる」ことを主張したのである(『文書』六二六)。すでに、明治四年二月には条約改正を調査研究する条約改正掛を設置していた。この機関では岩倉遣外使節団の派遣を前提に、欧米諸国との通商条約の調査・検討を進めていた。そして条約改正の準備として、明治四年八月に特命全権大使を米欧各国に派遣することになったのである。大久保は洋行に前向きであった。大久保は明治四年六月、岩倉に自身の洋行許可を「是非断然、小臣洋行之処御英断千祈万祷仕候」と、願い出ている(『文書』六一二)。

洋行希望の理由

大久保が洋行を希望するのにはわけがあった。条約改正を実現する素地として必要なのが富国強兵と殖産興業であった。大久保は井上馨の強い要請を受けて大蔵卿になったが、決して前向きではなかった。しかし、大久保が富国強兵と殖産興業を推進し、財政経済政策を担っていくためには、広く海外情勢に通じ、西欧文明を実際に見ておく必要があったのである。

廃藩置県後、維新政府の実務を担う開明派官僚が育ちつつあり、次第に権限を持ち始めてきた。

彼らのほとんどは「洋行帰り」であった。大久保自身も「公卿諸侯藩士の内、精撰抜擢して政府是を雇い、其費用を弁じ、洋行遊学の法を設、人材を造るを第一とす」と、外国への留学を推奨していた（『文書』二九〇）。こうした中、大久保が彼らの開明的な官僚層を掌握し、理解するためには自らの眼で広く西欧諸国の制度、文物を視察研究する必要があったのである。大久保にとって、これまでの政治目標は、幕藩体制を「ぶっこわし」、王権を中央に据えた「王政復古」を目指すことであった。ただ、それが一定度達成した現在、大久保にとって手詰り感が見られた。廃藩置県が実行された現在、次の段階として岩倉使節団に加わることを熱望する。

明治四年九月一二日、大久保が岩倉に送った書翰によると、「将来を熟思洞察いたし候に、不日必らず不測之弊を生じ」と述べ、そういう時に「実に遺憾とも何とも難申、就ては克々勘考致候に、是非他日を目的にして今日其治療を施し置不申候ては誠に御大事に候間」とし、「洋行之事弥良法と被存候間……」と、洋行こそが将来を展望する上で重要であることを指摘し、大久保自身が遣外使節の一員になることを希望している（『文書』六四二）。翌日、「今朝、岩公入来小子洋行之事云々示談有之……」と、岩倉具視がやってきて相談している（『日記』）。さらに一六日にも「岩公へ参昇、洋行云々之事切迫及論破候」と、洋行への熱い思いを語っている。

明治四年九月三日、三条実美が岩倉具視に対して遣外使節の事由書を提出し諮問している。それによると、「国と国とは対等の権利を有するものなれば、条約も亦対等を主義とせざるべからず、然るに従前の条約はこの点に於て遺憾あり」と不平等条約の問題点を指摘しつつ、「第一制度法律、第二理財会計の方法、第三教育制度を実施に就きて研究せしむる……」と、海外の諸制度を検討する必要を主張している。さらに、第二に「我国内の文物制度を諸外国のそれと適応するやう改正し、然る後ち条約の改訂を行い、以て新条約の順当に行わるることを期せんとす」という内容であった。岩倉はこの三条実美の諮問を踏まえ、条約改訂の延期の期限は、使節の帰還後に定めることとし、使節派遣の人選を行ったのである。岩倉遣外使節団の目的は、当時条約を結んでいた国々を歴訪して元首に国書を奉呈することと、条約改正の予備交渉、そして欧米先進国の文物の調査にあったのである（遠山「有司専制の成立」、『伊藤博文伝　明治百年史叢書、上』、原書房、一九七〇年）。

岩倉遣外使節の副使として

大久保が遣外使節として同行することに対し、大蔵大輔であった井上馨は、大久保不在中の自身の立場に不安を感じ、強く反対した。そして、井上馨は辞職を表明した。このため、大久保は、木戸と共に井上馨を説得し、不在中、西郷隆盛を大蔵省事務監督にすることで理解を得ている（『文書』六五一解説）。井上馨は、大久保のこうした配慮に対し「乳児之於慈母に似たる御苦配を懸、何とも恐縮之仕合に御座候」と謝辞を送っている（『文書』六五一参考其二）。かくして、大久保にとって最初で最後の海外体験が実現することになった。このとき大久保は、「皇国全力を以海外に当り」と岩倉具視に抱負を語っている（『文書』六五二）。

出発に当たって、大臣、参議、卿、大輔の間で盟約書が結ばれた。その要点は、「中外要用の事件は、其時に報告し……」「内地の事務は、大使帰国の上、大に改正するの目的なれば、其間可成丈新規の改正を為すべからず、萬巳むを得ずして改正することあらば、派出の大使に照会をなすべし」と、国内外の重要案件は使節団に照会することとした。さらに、諸官省長官の欠員を補充しない、お雇い外国人も増やさない、官員も増やさないことなどが決められた。ただ、「廃藩置県の処置は内地事務の統一に帰せしむべき基なれば、条理を遂て順次其実効を挙げ、改正の地歩をなさしむべし」と（『伊藤博文伝』上）、廃藩置県の処理は順次実施することにしたのである。

かくして、岩倉具視を正使とし、木戸孝允、大久保利通、伊藤博文、山口正芳の四人を副使とし、明治四年一一月一二日、横浜を出発することになる。

以後、岩倉遣欧使節団は、アメリカ→イギリス→フランス→ベルギー→オランダ→ドイツ（プロイセン）→ロシア→デンマーク→スウェーデン→ドイツ（南ドイツ連邦）→イタリア→オーストリア→スイス→フランスと一二カ国を歴訪した。一二もの国と交渉することができたのは、日本が植民地ではなく独立国だったからという意見がある。植民地であれば宗主国一国との関係のみが問題であるので、自国の独立を保つために特定の一国と特別の関係を結んではならないという配慮があった。幸か不幸か不平等条約ながらも各国と条約を結んでいたことが各国訪問になったのである。これが岩倉遣欧使節団の特色の一つでもあった（西川長夫「日本型国民国家の形成」西川長夫・松宮秀治編『幕末・明治期の国民国家形成と文化変容』法律文化社、一九九五年）。

大久保にとってもまた、新たな価値を探しに、新たな日本を探しに、海外へ踏み出したのである。

2　開発の大地　アメリカの地で

息子二人を同行

明治四年一二月六日、サンフランシスコに到着した。この時大久保は、長男彦之進と、次男伸熊を同行させている。目的はアメリカへの留学であった。渡航する直前の明治四年八月、大久保は家族に宛てて手紙を書いている（『文書』六―三三）。それによると、これからの将来、鹿児島でこのまま成長しても「百姓か物売になり候外無之」と述べ、外国で学問を学ぶことをしなければ歳をとって子供に頼ることもできず、気の毒なことになりかねない。このため、手習いや学問、諸芸を励むだけでなく、外国人教師に修業を頼んだところ、二人の子供（彦之進と伸熊）はしっかりと励み、外国人教師からも褒められたとのことである。大久保自身も大いに頼もしく思っていることを書き綴っている。そして大久保は、女性の立場からすれば、「子供に旅をさせ外国人などにたのみ、不自由はあるまいか、どうであろうなどと案じ候も無理ならず」としながらも、大久保は将来を考えると、「能々あきらめ可被申候」と述べ、さらに三熊（伸熊）についても、「子共をあまえかし生立て候ては、子共をかわいがって子共に一生の恥をあたえ候」と、子供を甘やかして育てても、結果として一生の恥を与えることになると手紙に書いている。長男彦之進と次男伸熊は、明治四年正月の「岩倉勅使団」の時に、大久保と共に鹿児島を出発したが（『日記』）、ここにアメリカ留学に至ったのである。

アメリカでは、条約改正の可能性もあるとし、大久保と伊藤博文は一時帰国し、正院から委任状を得ようと上表している（『文書』六五八）。正院に提出したのは、四月一七日のことであったが、すぐには委任状をもらえていない。しかも、ドイツ公使から最恵国条項があることから個々の国ごとに談判することは困難が生じることや、外務顧問からも条約改正交渉が困難であることが指摘された。さらに在英留学生が米国に渡航した際に一行に進言したこともあって、結局、大久保と伊藤がアメリカに戻ってきた時には、条約改正交渉は実現しなかった（『文書』六六一）。大久保と伊藤の日米間の往復は徒労に終わった。

大開墾時代のアメリカを見聞

大久保は、アメリカ滞在中の叙述をほとんど残していない。ただ、当時のアメリカ合衆国は開墾奨励策を採っており、積極的な荒野開拓がなされていた。大久保ももちろん、広大な大地を開拓していく姿を目の当たりに見たことであろう。後に大久保は山吉盛典に猪苗代湖の開鑿について力強く語った時、積極的に開墾する理由として、「抑開墾を企望したる所以の原因は、海外諸国の形況を伝聞し、且実見するに本邦の如く肥沃なる地味は絶て之れ無し、又奥羽地方の広原平野算するに遑あらず、しかして一方を回看すれば、無産の華士族あり、已に此民あり、此地何ぞ闢からざるを得んや、是某の決心して疑わざる所以なり」と、日本ほど肥沃な地味はないし、奥羽地方の平原は数多くある。しかも無産の華士族も多い状況の中、開墾の必要性を説いている(「済世遺言」『文書』一六七〇)。この時の発言は海外諸国を実地見聞したという経験に基づいていた。恐らくアメリカの大開墾の様子が刺激になったのであろう。

当時、大久保は文献から読み取る以上の多くのことを、見聞を積む中で知らず知らずのうちに学んで日本に帰って来ているのである。

3　島国イギリスの国家隆盛の秘密——イギリスを見て思う——

産業革命後のイギリスを見る

明治五(一八七二)年七月三日、アメリカのボストンを発った一行は、一四日イギリスのロンドンに到着した。いくつかのポイントを紹介しよう。

岩倉遣外使節団は産業革命後のイギリスを視察したが、この時大久保は、農作物ではなく工業産品に注目している。特に、他国から輸入したものを製品にする加工貿易であることに注目している。「何方に参り候ても地上に産する一物もなし、只石炭と鉄とのみ、製作品は皆他国より輸入して之を他国へ輸出するもののみなり、製作場の盛なる事は、曽て伝聞する処より一層増り、至る処黒烟天に朝し、大小之製作所を設けざるなし、英の富強なる所以を知るに足るなり、殊に蘇格蘭《スコットランド》は人質風俗を異にし、やや淳朴の風有り、山川地形は我国の風景に彷彿として、佳絶を極たり、凡右首府々々の貿易或は工作の盛大なる五十年以来の事なるよし、然れば皆蒸気は発明あって后の義にて、世の開化を進め、貿易を起すも半は汽車に基すると相見え候なり……」(『文書』六七〇)と述べている。すなわち、イギリスでは、世界の工場として富強達成を果した模範的な資本主義を目の当たりにしている。そしてこれらは、いずれも蒸気動力の発明の後、鉄と石炭の生産による機械制工業と貿易の両者が鉄道海運を媒介としたイギリスの富強を実現したのである。

また、一〇月一五日の大久保の手紙によれば、イギリスに滞在中、各工場を見学し、「英国の富強をなす所以を知るに足るなり」と、述べると共に、より印象に残った点として「尤可感は、何れの僻遠に至り候ても道路橋梁に手を尽し、便利を先にする馬車は勿論汽車の至らざる所なし、蒸気発明なき已前は水利に手を付たるものと相見得、凡て堀割にて船を通し候なり」と、大久保は車馬、汽車、舟運、道路、橋梁といったインフラの整備の重要性に着目している(『文書』六六四)。

スコットランドでも、各工場を巡見しているが、石炭山や塩山にも印象を強くしており、岩塩について、「塩は皆岩と相成、岩を砕き候えば、塩之固まりたるもの也」と述べている(『文書』

六六六)。

また、ロンドン滞在中には「ナショナルエージェンシー」会社が破産した。このため滞在資金が不足し、あわてて東洋銀行から借り入れている。遣外使節団の資金に支障をきたした事件であったが、銀行機関が倒産することによる影響を強く感じている。

島国隆盛の秘密は海運にあり

日本とイギリスはいずれも島国でありながら、天然の利や地形など地理的条件が類似している。にもかかわらず国家の「隆盛」に大きな差がある理由を大久保なりに以下のように分析している。すなわち、イギリスは「民各己れの権利を達せんが為め、其国の自主を謀り、其君長も亦人民の才力を通暢せしむるの良政ある」のに対し、日本では「民愛君憂国の志ある者万分有一にして、其政体に於ても才力を束縛し権利を抑制するの弊ある」と指摘し、両国の違いは身分制の有無にあるとしている(『文書』七五四)。そして、「人力を愛養するの政体」こそが「国家の隆替」を規定する本質的要件であると述べている。

なお、一〇月一五日の別添の書翰を参照すると、今後、日本国内でも伸びるであろうと予測されている新聞(マスコミ)についても言及している。日本国内のできごと(島津久光が徳大寺内務卿に建言したこと)が欧米の新聞に掲載されたことについて、「新聞紙連中へ如此事漏洩する筈なし、是等は等閑に差置くべきにあらず……秘密の事宇内へ発露いたし候様にては、誠に一大事とは申も愚かなり、発出したる事件は無致方候得共、将来の為屹度御糺し有之、厳罰を御当て被成度……」と、機密事項が漏洩し新聞各紙に掲載されることで大衆に拡がることに対し看過できないこととして注目している（『文書』六六五）。

また、イギリスでの経験は、「殖産興業に関する建議書」にも反映されている（『文書』九〇〇）。同意見書を参照すると、「英国の如きは僅々たる一小国のみ、然れども島嶼の地を占め港湾の便を得て其国鉱物に富む、故に彼の政府政官は此の天然の利に基き之を補修して盛大の域に到らしむるを以て義務の至大なる者とし、其君臣相供に意を茲に用いて宇内運漕の利を占有し、大に国内の工業を振起せんと欲し、奮然として前古特別の航海法を制定せり、其法は英国の船にあらざれば、外国の物産を輸入する事を許さず、又英国内の各港互に物貨を搬運するに外国船を用うるを禁止せり、其意蓋し一は以て其国船舶の数を増し、国民をして航海の術に練熟せしむるに在り、一は以て外国品濫入の路を遮絶して内国の工業を保護し、之を昌盛ならしむるに在り、既に之を施行する事、其年久しくして船舶大に増加し、随って海運の術益長して諸国敢て之と相拮抗する能わざるに至る、自来工業の程度愈盛大を極めて、国内の産物之を国内の人民に給して余りあり、是に於て初めて其禁令を解き、貿易の自由を許せり、是れ英国今日の富強を致す所以の原由なり、其他外国政府の其人民を保護し、其工業を奨励する事概ね此に類するもの居多なりとす、固より時に前後あり、地に東西ありて風土習俗同じからざるを以て必しも英国の事業に拘泥して之を模倣すべきにあらずと雖も、君臣一致し、其国天然の利に基き財用を盛大にして国家の根抵を固うするの偉績に至りては、我国今日大有為の秋に際して宜しく規範と為すべきなり、况や我邦の地形及天然の利は英国と相類似するものあるに於ておや」と、イギリスの興隆の理由は、イギリス政府は港湾を補修することで海運活性化の基盤を整備すると共に、海運は航海法に基づくことでイギリス船の輸送に限定し、外国製品の濫入を防ぎ、国内工業の活性化を意図したことを明らかにしている。そして、工業がある程度成長した上で初めて貿易の自由を認めたことを紹介している。

こうした保護貿易の手法について、日本は「英国の事業に拘泥して之を模倣すべきにあらずと雖も」と、イギリスの事業を模倣すべきでないとしながらも、「君臣一致し、其国天然の利に基き、財用を盛大にして、国家の根抵を固うするの偉績に至りては、我国今日大有為の秋に際して宜しく規範と為すべきなり」と、君臣一致によって、財用を盛大にすることで国家の基礎を固めることを日本でも規範にすべきとしたのである。

このように、大久保はイギリスを見聞しながら常に同じ島国である日本の相違点を探りつつ、日本の今後の姿を展望していたのである。

4　フランスの元気——大久保フランスを見て思う——

明治五年一一月一六日、ロンドンを出発した一行はフランスのパリに到着した。実はこの時、大久保はイギリスの工業化の様子に圧倒され、ショックを受けていた。『米欧回覧実記』の編者久米邦武に対し、移動中の汽車の中で、大久保は「私のような年取ったものは、これから先のことはとても駄目じゃ、もう時勢に応じられんから引く方じゃ……」とこぼしている（『大久保利通』講談社）。

ところが、フランスに到着し、大統領チエールと出会い変ってきている。七月に西郷隆盛と吉井友実に宛てた手紙の中で、「大統領チエールなる者はさすがに豪傑之由、一旦人心四分五裂潮之湧が如く物議も有之たる由に候得共、一々叩き付、今日に相成候ては自分圧伏被致、よほど折合候趣、同人七十有余之老人にて勉励する事壮士も不及、議院にて手ひどく沸論有之ても自ら踏込雄弁を振い候得ば、是を犯す者は一人も是なし」と述べ、大統領チエールが七〇歳を超えていながらも、現役の論客として活躍している様子に感心している（『文書』六六三）。フランスに行ってからの大久保は、「文武之長官といえる人は、凡て白髪之老骨のみ、見るにもすさまじく、実に感伏仕候、就中当国はセバステホール、支那、印度之戦争に出でたる人々多く御座候也」と（『文書』六七二）、歴戦の勇者が議会に参加しており、「老人」でありながらも、いまだ現役で活躍している様子に注目している。

もちろんフランスのパリの市街地を見て、「家宅之壮麗市街之清潔気候之宜しきは世界第一に可有之候……」と街作りなどにも関心を寄せているが（『文書』六七三）、他方で貧民街などを見ている。そして、フランスでは、あまり制度や産業には注目していない。大久保にとってのフランスはなによりも「白髪之老骨」によって圧倒している姿に感動し、自信回復の場となったのである。

5　アジアのビスマルクに――大久保の見たドイツ――

軍事力こそ国際協調

明治六年二月一七日、一行はフランスを発った。その後、ベルギー・オランダを経て、プロシア（ドイツ）ベルリンに到着した。三月一五日、ビスマルクは岩倉使節団を招待し、その席上で弱肉強食の国際政治の現状にいかに対処しているかを語っている。宰相ビスマルクはプロイセン王ヴィルヘルム一世の右腕として鉄血政策を打ち出し、モルトケと共にオーストリアやフランスの戦争に勝利し、後進国であったプロシアの国権を伸張させた人物として知られる。その時「方今世界の各国、みな親睦礼儀を以て相交るとはいえども、是全く表面の名義にて、其陰私に於ては、強弱相凌ぎ、大小相侮るの情形」と、この時のヨーロッパの国際社会は協調関係であるものの、それは上辺だけのものであり、弱肉強食の社会であることを指摘し、「所謂公法は、列国の権利を保全する典常とはいえども、大国の利を争うや、己に利あれば公法を執えて動かさず、若し不利なれば翻すに兵威を以てす」と、万国公法とは列国の権利を守るべき法であるが、自国の利益に反するものであれば軍事力が重要であると述べている。

つまり外交交渉は、軍事力を背景にしたものであるという考えのもと、プロシアは軍事力の強化を図り、近年に至ってようやくその目標に到達したと述べている。各国はプロシアを非難するが、わが国は主権を重んじることによって各国互いに自主し、対等の交わりをなさんとするもので、自主権を全うするための悲願であると述べている。ビスマルクは最後に次の言葉で締めくくっている（『米欧回覧実記』第五八巻）。

欧州親睦の交は、未だ信をおくに足らず、諸公も必ず内顧自懼の念を放つことはなかるならん、是予が小国に生じ、其情態を親知せるにより、尤も深く諒知する所なり、予が世議を顧みずして、国権を完にせる本心も、亦此に外ならず、故に当時日本に於て、親睦相交るの国多しといえども、国権自主を重んずる日耳曼《ゲルマン》の如きは、其親睦の最も親睦なる国なるべし

このビスマルクの国家の均衡関係は「万国公法」に基づくものではなく、軍事力による「力の論理」によるのだという発言や思想は、大久保にとって、日本が欧米列強と同等の立場に到達するためにも、富国強兵の必要性を確信することになった。大久保は西郷隆盛や吉井友実に宛てた書翰を通じて「殊に有名之『ビスマルク』『モロトケ』等之大先生輩出、自ら思を属候心持に御座候」と述べ、西徳二郎へも「ビスマロク、モロトケ等之大先生に面会したる丈けが益とも可申」と記している（『文書』六八一）。イギリスで打ちのめされた自信を、フランスで回復し、さらにドイツにおいて、国権拡張の重要性を認識し、その確立への決意へと発展したのである。大久保

はみずからをアジアのビスマルクになろうとする決意を固めたのである。

後ろ髪を引かれながら

明治六年三月二八日に滞在中の伯林《ベルリン》を発ち、帰国することになった。三条実美から岩倉具視に宛てた書翰によると、各省庁の諸問題や樺太・台湾・朝鮮への外交問題が顕在化したため「大久保・木戸両氏の処、御呼返可相成」と呼び戻すことにしたのである。事態が風雲急を告げていた(『文書』六八〇参考)。

大久保は大山巌に宛てて「魯より澳伊御地等へは是非廻歴之心組之処、不図本文通之時宜にて遺憾至極に御座候」と、本来、ロシア、オーストリア、イタリアなどを回覧するはずだったが(『文書』六八三)、行くことができなくなり、残念な気持ちを書き送っている。すでに、西徳二郎に対して「孛魯の国には必ず標準たるべき事多からんと愚考いたし候に付、別て此両国の事を注目いたし候賦に付」と(『文書』六七六)、プロシアやロシアは標準(モデル)になる要素があるだろうと期待を寄せていた。大久保にとっては後ろ髪を引かれる思いだったに違いない。大久保は明治六年四月一三日にマルセーユを発ち、帰国の途に着いた。横浜に到着したのは五月二六日のことである(『文書』六八四参考其三)。

こうして大久保にとっての岩倉遣外使節団は終了した。行程全てに参加することはできなかったものの、大久保は各国で多くの知見を広めてきた。それらの制度、人物、景観などを見聞する中で、新たな明治国家を展望する多くの材料を見出した。そして、海外経験をもつ若き官僚層への理解も可能としたのである。ここで、注意しておきたいのは、しばしば、大久保が遣外使節に行って「イギリスを模範にした」とか「ドイツを模範にした」などと模範にした国を一国だけに特化して理解するのはナンセンスなことであろう。大久保は、自身が見聞した国々を、日本国内の事情に照らしつつそれぞれ受容し、適用しようとしたのである。

第4章　大久保外交

1　ロシア外交と大久保利通

北地出張を願う

明治二年六月二四日、ロシア軍隊が樺太函泊一帯を占領し、兵営陣地を構築した。これは維新政府にとって脅威であった。

この時期、ロシアは、南下政策を推進していた。かつて、寛政四年にはラクスマンが根室に来航し、以来、ロシア人がベーリング海を渡って出没するようになっていた。さらに、一八六〇年の北京条約で清国から沿海州を割譲させ、極東経営の拠点・貿易の中心地としてウラジオストクを建設した。このため、近世後期以来、幕府は蝦夷地に対して、地名の和名化や間宮林蔵や近藤重蔵、最上徳内などを派遣し、北方探索を行っている。日本という国家が強く意識されるようになったのも、この影響が大きい。

安政元年の日露和親条約の段階で、日本とロシアの間で、千島列島の国後島と択捉島が日本領土として確定していたが、樺太は不確定の状態であった。日本・ロシア両国の雑居であったのである。こうした不安定な国際情勢の中、ロシア軍の南下政策が見られたのである。

このロシアの脅威に対し、大久保は、蝦夷地の取り決めに向けて「北地出張断然奉願候、尤及決心候也……」など積極的に出張を願い出ている（『日記』）。そして、三条実美に対して、「北海道之儀魯斯亜既にクシュンコタンへ兵隊差向、且恵土呂府を奪掠いたし、其禍心地にあらざる顕然……」「今日廟堂大英断を以戦を被決候、御手を被下候外無御座」と、戦争を覚悟しながらも、手順として「先以政府要路之内より一人出張被仰付度奉存候」と、まず大久保が単身で出張することを主張したのである（『文書』三七〇）。しかし、結局、認められていない。

こうした事態に対し「即今内地のみ之事なれば、左迄不足憂候得共、北地之大難は旦夕に迫り、其余外国人は其虚を伺居候折柄、今一度やりくさらかし候ては、外国之有と成候外無御坐、死ても遺憾ある事御座候」と、大久保は決意を表明してロシアとの交渉を願い出ている（『文書』三九二）。

内政を充実するためにも、北方の脅威は取り除く必要があった。しかも、この時期にはまだ、諸藩藩兵や浪士には攘夷熱が残されていた。この点を植民地化の危機を主張し、国内問題のしがらみを解決しようとしたのである。

榎本武揚を推挙する

対ロシアの北方地域の国境問題は、榎本武揚が全権公使となってロシアとの交渉に当たり、結局、明治八年五月の樺太千島交換条約に調印することで解決した。ただ、大久保は明治七年正月にも岩倉に対し、「過日御内話申上候通、断然小臣へ拝命被仰付度奉存候」と、自身が行くことを立候補している（『文書』七八五）。しかし、それが叶わないとなると、黒田清隆を通じて榎本武揚を推挙した。大久保は「今般之使節は平凡之人物にては決て任せられ申まじくと愚考仕候」と、交渉は難航することを述べ、「榎本氏ならでは外に見込之人体も無之、就ては同人旨趣如何に可有之哉、兼て北地之事は自任之訳にて殊に国難に処する之心底願意有之筈にて可疑廉は無御座候得共……」と、榎本のような人物であれば北方の難問題の解決に尽力するであろうと力説している（『文書』七八六）。

後日、黒田から榎本が使節を内諾したことに対し「先以安心仕候」と、胸をなでおろしている（『文書』七九二）。交渉は、樺太全島をロシア領とする代わりに、クリル諸島を含めた千島列島を日本の領土にした。明治八年五月七日にペテルブルクで千島樺太交換条約の調印が行われた。これによって、北方の脅威は収束した。

榎本武揚は旧幕臣であった。戊辰戦争の最後まで抵抗し、五稜郭で降伏している。そのような人物を大久保は推挙し、榎本も期待に応えたのである。

大久保のロシアへの対応方法は、一方で戦争することを辞さない姿勢を維持しながら、他方で単身交渉に当たるという手法であった。この手法は、後に征韓論を主張し、単身朝鮮に行くことを主張する西郷の手法と同じである。実は、征韓論の時の西郷の手法は、すでに大久保がやろうとしていたことでもあった。ちなみに、後述する台湾派兵と北京での交渉方法も、一方で、台湾の出兵により武力を見せ、さらに開戦論の盛り上がりの中で大久保自身が単身で北京を訪れている。これは、台湾への武力行使を先行したものであるが、北京への訪問時も日本と清国の間で有事を予想し、軍事行動を準備している。交渉と軍事行動（対話と軍事）、この時期の対外交渉の基本であった。

2　征韓論紛議と大久保利通

征韓論の主張

明治元（一八六八）年一一月、維新政府は宗対馬守義達を通じて、朝鮮に使者を遣わした。この時、天皇即位を含めて奉勅の文字を引用した。それに対して、朝鮮は中国での皇帝の存在を認知していたが、日本では、徳川が日本の大君であると理解していたため、日本に新たに皇と称するものが出てきたことで、警戒心を持ち、国書を受け付けなかったのである。

この行為に対し、明治三年、維新政府は無礼であるとし、征韓論を主張している。この時は、特命全権公使として副島種臣を清国に派遣している（鈴江『明治維新建設史』）。これは、政府内の意見として、日本と清国との間で対等な条約が締結されれば、朝鮮も日本の国書を拒否できないということが理由であった。かくして、明治四年七月二九日、日清修好条規が調印された。

その後、明治六年五月三一日付の外務省の報告に、日本人商人の密貿易に対する朝鮮東萊使の掲示に、日本のことで無礼な文言があったという報告がなされた。これは覚書であり、かつその内容は密貿易に対して出されたものであったが、これをきっかけに征韓論が再び主張されることになる。かくして八月一七日、正院は、朝鮮に西郷を派遣することを決めた。

このように、いわゆる「征韓論」は即時派兵を意味していない。まず第一段階は使節派遣であった。そこでの交渉が不調に終わった場合、それを口実に派兵、開戦するという二段階の外交戦術をするものである（田村貞雄「西郷隆盛は『征韓』を企てなかったのか」『明治維新の政治と権力』吉川弘文館、一九九二年）。この手法（対話と軍事）は、先に述べた大久保の外交姿勢と同じである。

大久保の帰国

大久保が洋行から帰国したのは明治六年五月二六日のことである。よって、まだ征韓論が本格化する前のことである。三条が岩倉に大久保と木戸の帰国を依願した手紙を送付したのは一月一三日のことである。この間、留守政府の間では、いったい何が行われたのであろうか。

明治五年一一月二八日、徴兵の詔書が発せられ、翌年一月には徴兵令が発布されている。また、明治五年一一月には国立銀行条例が発せられた。

また、政局では、各省と大蔵省（井上馨）との間で予算をめぐる攻防が激しさを増していた。それがこうじて、明治六年一月二四日に司法卿である江藤新平が辞表を提出した。この江藤の辞表提出によって大蔵省と各省との関係が逆転する。大蔵省と司法省の軋轢などもあり、明治六年四月には後藤象二郎、大木喬任と江藤新平の三人が参議に任命され、大蔵大輔であった井上馨は退官に追い込まれることになる。

井上馨は、大久保が不在になることで、自身の立場が孤立化することを危惧し、大久保の岩倉遣外使節団への参加を阻もうとしたことは先に指摘した通りである。自身の危惧が現実となり、留守政府の中で、井上馨は孤立した。そして、とうとう明治六年五月、大蔵大輔である井上馨は辞職を提出するに至っている。

また、朝鮮半島情勢だけでなく、日露関係も明治五年四月からロシア代理公使ビュッオフ初代公使と外務卿副島種臣との間で樺太問題の交渉が行われていた。さらに、日清関係も明治六年三月に外務卿副島種臣はアメリカ人で台湾に詳しいリ・ジャンドル（李仙得）を顧問にし、特命大使として清国に出発している。この時の目的は清国皇帝の親政の祝賀と日清修好条規の批准交換を理由としていたが、ほかに明治四年一二月に台湾で漂着した琉球宮古島民が殺害されたことも交渉する予定であった。

こうした留守政府の積極的な改革は多くの問題を招くことになる。たとえば、明治六年三月以降、徴兵令を受けて血税一揆が各地で展開している。そして、この血税一揆の鎮圧に一役買った士族もまたその必要性を再確認し、活気付いている。また、旧薩摩藩主島津久光は、太政大臣三条実美に宛てて、朝廷や各省の洋風化や太陽暦採用を始めとした開花政策を厳しく批判していた。このように改革とその軋轢が国家全体に見られる情勢の中、征韓論が主張されたのである。

蚊が山を背負うようなもの

当時の様子について、大久保は村田新八や大山巌に対し「小子帰朝いたし候ても、所謂蚊背負山之類にて不知所作、今日迄荏苒一同手の揃を待居候、仮令有為之志ありといえども、此際に臨み蜘蛛之捲き合をやったとて寸益もなし、且又愚存も有之、泰然として傍観仕候、国家の一時の憤発力にて暴挙いたし愉快を唱える様なる事にて決て可成訳なし」と（『文書』六八九）、「いわゆる蚊が背負う山のたぐいにて」と、大久保が単身で朝廷の議論に参加したとしても無意味であることを述べている。我慢して時節の到来を待つ。大久保は、じっと岩倉使節団の帰国を待ったのである。

明治六年九月一三日、岩倉具視が帰国した。すでに木戸孝允は七月二三日に帰国していた。三条実美は木戸孝允と大久保に参議就任を依頼しているが、大久保だけでなく木戸孝允もまた病気を理由に就任を断っている（『文書』六九二）。大久保への説得は、三条実美だけでない。岩倉具視も、伊藤博文も、黒田清隆も大久保を説得しているが応じていない。

明治六年九月二六日、大久保は、三条実美からの参議就任の要請について岩倉具視に辞退を申し述べている。ただ、九月三〇日には、その対応策について、「木戸先生を根本にして御一定有之候外見込無之旨相答置候次第」と、木戸孝允の意見を踏まえつつ解決するように示唆している（『文書』六九四）。大久保は参議就任を辞退し、その間、「拙者にも此内箱根温泉へ参、富士山へ投嶽、それより上方、宇治、大津、和歌之浦、堺などの名所漫遊いたし候」と、各地を漫遊している（『文書』六九五）。好きな湯治などをしながら、日本の各所を回っているのである。

大久保の決意

この時期、家族に対し書翰を送っている。それによれば、「此度は深慮有之、何く迄も辞退之決心」と、あくまでも辞退を考えていたのであるが、「皇国危急存亡に関係する之秋と被察、然るに此難を逃げ候様之訳に相当り候ても本懐にあらず」「国家之大事遷延相成候様にても多罪を重ね候義と致愚考」と、決意を固め「断然当職拝命此難に斃れて、以て無量之天恩に報答奉らんと一決いたし」と、自分自身が立ち回らなければ立ち行かなくなることも述べている。とりわけ、この征韓論争については、「此難小子にあらざれば外に其任なく、残念ながら決心いたし候事に候」と、大久保自身の重要性について述べている（『文書』七〇三）。

　この間、「全国前途之目的を以論じ候時は、小子之存慮目前之事故を以一朝にして軽挙する之意にあらず、十年乃至二十年を期して大に為す事あらんとす、凡国家之事は深謀遠慮自然之機に投じて図るにあらざれば成す事能はざるや」と（『文書』七〇三）、欧米から帰国し、じっくりと一〇年後や二〇年後の将来を見据えたものであった。

　当時愛知県令だった安場保和が、大久保の帰国直後に面会した時を回想し「公の人品が変化」したと評している。遣外使節で諸国を見聞し、ビスマルクという英雄を自己に投影させた時、大久保にとって大きな転機を迎えたのである。そして、大久保の気持ちに整理がつき、決意が固まった時、参議就任を承諾する。

明治六年政変

　明治六年一〇月一〇日、大久保は参議就任を決意した。参議に就任したのは同月一二日のことである。早速、一四日に評議が開催された。この時、大久保は内治優先を主張した。征韓論の反対理由は、①日本の民情、社会が不安定であること、②戦争のための財源や蓄積がなく、多くの外債を英国に負っていること、③政府事業が中途になること、④武器弾薬は外国に依存せざるを得ず、国内生産物の減少をもたらし、輸入が増大すること、⑤イギリスやロシアの対応に不安があること、⑥たとえ朝鮮に勝利したとしても朝鮮の国土を保有するわけにはいかないこと、⑦条約改正の日程などにも支障を招くこと、などを理由にした（詳細は第5章1「巨大省の成立」を参照）。

しかし、一五日の閣議（正院）では従来から主張されていた西郷の議を採用している。そこで大久保は、一七日、「奉職の目的難相立辞表差出候」と辞表を提出し（『文書』七一〇）、その他の反対者（木戸孝允、大隈重信、大木喬任も辞表を提出した）も病気と称して閣議に出席しなくなったのである。就任してわずか五日での辞表である。無責任ともいえるだろう。一八日、議長である太政大臣三条実美は、とうとう「精神錯乱」をきたし閣議に参加できなくなっている。以後、木戸孝允からの復帰の依頼に対しても、「一死もって天恩に報ずる外なし」として辞表を提出したのである（『文書』七一四）。

実は、大久保が辞表を提出するのは今回に始まったことではない。民蔵分離問題で対立した時も辞表を提出している。このような辞表を提出する行為は大久保だけのことではなかった。木戸孝允も伊藤博文も皆提出した経験を持っている。論敵であった江藤新平も辞表を提出して事態を打開した経験を持っていた。このように辞表を出すことで、意見を通すこともあったし、逆に下野することもあった。しかし、それは決して、政界から引退することを意味してはいない。ただ、この時の大久保が提出した辞表は性格を異にしていたようである。決して政界から身を退こうというものでもないようだ。この時の大久保は「蚊」ではなかった。熊に立ち向かう虎であった。「秘策」をもって征韓論阻止を粛々と実行していたのである。

こんな話が残されている。薩摩藩桐野利秋は西郷の副使として朝鮮に赴くことに内定していた時、大久保らの反対を聞いて憤慨し、大久保の邸宅で「今朝鮮の事につきて頻に異議を唱へ、遣使を妨ぐる閣僚あるは奇怪なり、僕国家の為に其人々の首を斬らんと欲す」と主張したといわれる。この時大久保は泰然として「主として異論を唱える者は実にこの利通だ。君その決心あれば先ず私の首を斬れ」と、言ったという。あまりに堂々としていたため、桐野はあ然として答えられず辞して去ったといわれる（『大久保利通言行録』）。大久保の決意は固かった。

話を戻そう。それでは征韓論阻止の「秘策」とは何だったのだろうか。これは、天皇への上奏システムを利用することにあった。すなわち、三条実美が病気により太政大臣としての執務を果せない場合、右大臣（岩倉具視）が担当することになっていた。つまり、三条が病気療養で不在の中、天皇上奏の権限は岩倉具視にあったのである。大久保は、この上奏システムを利用した。

参議四名が岩倉のもとに参上した時、閣議決定と自身の意見を上奏すると述べ、押し切った。大久保の『日記』にも「同公《（岩倉）》前議御貫徹動揺無之、一同致方なしとの事にて引取候」と記されてある。ここで勝負は決した。あとは、上奏が行われたものの「国政を整へ民力を養」う（民力休養）という勅書が出された。かくして、一〇月二四日、遣使の中止が決定された。すでに西郷隆盛は前日に辞職し、二五日、土佐の板垣退助、後藤象二郎、佐賀の江藤新平、副島種臣も参議を辞して政府から去った。明治六年政変といわれる。西郷の主張は、政府内で圧倒的だったはずだったが、岩倉・大久保にしてやられた格好になったのである。

西郷隆盛の辞表に対し、岩倉具視が心配して大久保に相談している。それに対し、大久保は「参議幷に近衛都督丈を被免、陸軍大将は従前之通に被仰付候得ば可然……」と、結果としてはやむを得ないことであり、受け入れざるを得ないこと、そして参議と近衛都督としての役職は解任することにし、陸軍大将だけは従来通り命じることを指示している（『文書』七二二）。大久保は岩倉具視に対し、大蔵省、外務省、海軍省、司法省、工部省の五省だけでも早急に人選するよう願い出ている（『文書』七二四）。

征韓論は、その後もくすぶり続けている。明治八年九月には朝鮮江華島の守備兵と日本軍艦の間に起こった発砲事件をきっかけに、日本は朝鮮の開国を強要した。結果、翌九年二月、黒田清隆が正使、井上馨を副使にし、①釜山などの開港、②使臣の駐京、③開港場の管理官設置、④朝鮮在留日本国民への領事裁判権などを取り決めた日朝修交条規を結ぶことになる。

後に、大久保は堺県令である税所篤のもとに書翰を送っている。征韓論紛議を舞台にたとえながら「幕を仕舞候まではかならず雑説を御信用被成まじく候、分て申上置候也」と（『文書』七五〇）、大久保は自身の評判が悪いことを意識し、流言を信用しないように申し伝えている。世間の評価を気にしながらも、自分を信じるしかない大久保であった。

3　北京での談合

台湾出兵論

明治七年二月六日、大久保は大隈重信と共に『台湾蕃地処分要略』を提出した（『文書』八一三）。征韓論の紛議が終わったが、対外問題は山積していた。琉球の帰属を含意した台湾問題である。明治七年正月、大久保は大隈重信と共に台湾蕃地処分問題の調査を命じられた。その結果、提出したのがこの『台湾蕃地処分要略』である。これは、南方政策の具体案を示したもので、台湾出兵を決定する根拠をなすものであった。それによると、①台湾土蕃の部落は無主の地である、②清国政府が反対すれば、議論で長引かせ、既成事実を作り対応する、③領事（外交官）は軍事に関せず、他方、征撫に任ずる軍人は外交に関与しないようにし、その分界を明らかにし、重大事件は北京在勤公使に連絡すべきとしたのである。そして、正院のもとに蕃地事務局を設置した（清沢洌『外政家としての大久保利通』）。

きっかけは、明治四年に遡る。一〇月一八日、琉球宮古島八重山島の人々が風雨に遭い台湾に漂着した。しかし、漂着者六六名のうち帰島できたのは一二名にすぎず、残りは暴殺された。また明治六年三月八日、備中国浅江郡の四名が台湾に漂着した時も、衣服や財物を掠奪された。こうした事件を理由に、当時の外務大臣副島種臣を清国に派遣し談判している。この時、清国は副島に対し「生蕃の暴悪なるは、彼実に化外の民なり、我政教の逮及せざる所なりと」と、生番（台湾）の事件は、化外の民（国家統治の及ばないところの民）がしたことであり、清国政府の把握することではないと、責任回避の回答を行った。

この直後に、台湾出兵論が高まっている（『処蕃趣旨書』『文書』巻十）。しかしこの時期は、それ以上に征韓論が巻き起こっていたため、議論が一時中止となっていた。

台湾出兵の主張は、この時の議論を蒸し返したものである。明治七年七月二日、大久保は、フランス法律家のギュスターヴ・エミール・ボアソナードとリ・ジャンドル（李仙得）に蕃地処分の相談をしている（『日記』）。このリ・ジャンドルは、アメリカ公使デ・ロングから紹介された人物で、厦門にあるアメリカ領事館の領事であった。副島と意気投合して外務省準二等として雇い入れた人物である。このデ・ロングは、明治五年、当時外務卿であった副島種臣に対し、暗に日本が台湾を占領すべきことを勧めている。日本の船艦を台湾に派遣するのであれば、海岸の地図などを提供できることも言っている。そして、兵を常駐させれば、必ず紛糾するため「先ず手を経て掛合、人民保護の為、約を結び、地を借り、其上兵備をなすも遅しとせず候間、直に兵を挙ざる方と被存候」と勧めたのである。このデ・ロング公使の発言は問題があるとし、アメリカに召還されている（清沢洌『外政家としての大久保利通』）。

木戸孝允の出兵反対と台湾出兵

さて、話をもとに戻そう。大久保と大隈重信が提案した蕃地処分案に対し、木戸孝允は反対した。木戸孝允としては、征韓論の紛議に際して、内治優先を主張したのであるから、台湾派兵は不可思議である。しかも、明治四年のできごとを今更蒸し返すのも問題であるという立場であった。実際、清国政府の「生蕃の暴悪なるは彼実に化外の民なり、我政教の逮及せざる所なりと」という見解も口頭でなされただけにすぎず、欧米も、台湾は清国に帰属していると理解していたのである。

大久保は、木戸孝允による台湾派兵反対に対し、そのまま推し通しているが、米国を中心とした反対には敏感に対応している。特に、米国公使は、台湾派兵について清国政府の認可が必要であること、またそれまではリ・ジャンドルなど米国人三名の台湾行きを引き留めて欲しいという要請があった。米国政府の立場としては少なくとも米国人の関与を防ぎ、責任を回避しようとしたのである。大久保は長崎に向かった。

一方、長崎でこの話を聞いた西郷従道は、大久保が長崎に来る前に出発を指示している。すなわち、明治七年四月には福島領事が有功丸に乗船し、厦門に向かった。さらに五月二日には軍兵一〇〇〇名と、日進、孟春、明光、三邦の四艦を率いて、台湾の社寮港に向かって出発したのである。

大久保が長崎に到着したのは、その翌日のことである。この時は西郷従道だけが留まっていたにすぎなかった。五月四日、大久保は大隈重信と西郷従道と相談し、申し合わせを行っている。すでに出帆してしまったのであれば、「止を得ざるにより」とし、長崎において出兵強行の議定書を作成したのである。

大きく三つのことを取り決めた。一つは、欧米列強の要請への対応である。アメリカ人三名を解雇し、帰東させること。また、万一事変が起きた場合、雇われている英人を解雇し、戦艦を返上すること。二つ目は派兵軍の問題で、予定通り生蕃処分を済ませた上で防禦のため相当数の人数を留め置くこと、三つ目は清国への対応で、柳原公使を派遣し諒解を得ることとし、柳原公使に清国に出発するよう指示している。

こうした内容を取り決め、西郷従道はそのまま台湾へ向かい、大隈は長崎で柳原公使との打ち合わせを予定し、大久保は政府へ言上した。長崎での話し合いの結果を三条実美に報告した復命書によると、大久保は「長崎生蕃処分兵隊進退等実際に付、御委任之権内を以て裁定せる大略なり」「清国に対しては勿論、外国交際上不都合を生じ、国家の大難を醸生候節は、臣利通其責を引請候覚悟に候」と述べている（『文書』八六八）。つまり、西郷従道の台湾出兵は性急であったが、大久保が認めることで、出兵が正式に認められた。それは、「兵隊進退等実際に付御委任之権」と示される通りである。この当時、大久保はそれだけの権限と責任を持っていた。当日の『日記』には「大難の事故心決いたし候」と述べている。大久保は覚悟を決めた。

西郷従道の派兵軍は、五月二二日に台湾の南端社寮湾に上陸し、簡単に牡丹社を平定した。一部族を「焼滅」させている。戦死者数は一二名程度であったが病死者が五六一名にも及び、約半年で出征兵士三六五八名のうち六分の一近くが死亡した。

他方、柳原公使の清国との交渉である。明治四年一一月と明治六年三月の事件について主張したが、清国は今回の台湾派兵について連絡がないとし、厳しい姿勢で臨んでいる。そして清国は、西郷従道の台湾駐留に対し、撤退を要求したのである（清沢洌『外政家としての大久保利通』）。当初、国内では清国との軍事衝突に対して否定的であった。しかし、次第に軍事衝突の可能性が出てきた。今度は大久保が責任をとる必要が出てきたのである。

有事への準備

明治七年七月三日、大久保は三条に宛て覚書を提出している（『文書』九一〇）。「清国談判之結局未如何んをしらず、実に内外危急国家国難の秋というべし」とし、柳原公使の報告も捗々しくなく、「廟堂止を得ざれば戦わんと一決の上なれば、敢て驚くに足らずといえども……」と強く軍事衝突の可能性を指摘している。そして、七月八日「不得止戦に廟議相決」と、開戦への方向が示されたのである。

七月一三日、大久保は清国に行くことを内願した。その後、三条実美や岩倉具視に相談したところ、内政が混沌としており東京から離れることを止められている。この時は、納得して引き下がっているが、再び二六日に三条実美と岩倉具視のところに行き、清国行を内願したのである。この時も三条実美から清国行きを止められたが、翌二九日に東郷からの情報を通じて、時期を失する恐れがあるとして、大久保は再々度、清国行の内願をした。そして三〇日、とうとう清国行の許可を得たのである。かくして、八月一日、大久保は全権弁理大臣に任じられ清国への派遣が命じられた。

交渉に際し、大久保の権限は強大であった。たとえば、「不得止の都合に依ては便宜取捨談判するの権を有する事」と、議論の関係で、すでに決められた内容と異なったとしても自身で取捨選択することができる権限が認められていた。また、「談判は両国懇親を保全するを以て主とすといえども、不得止に出れば和戦を決するの権を有する事」と、談判を原則とするが、いざとなった場合は和戦を決する権限を有すること（『文書』九一一参考）。さらに、時宜に応じて清国にいる官員の指揮進退の権限を有すること、やむを得ない場合、武官であったとしても指揮進退に関する権限を有することなどといった、強大な権限を得ていたのである（清沢洌『外政家としての大久保利通』）。

この時、海外宣戦発布の手順が以下のように示された（『文書』九一一参考其四）。

①宣戦に決した際は、詔書をもって布告すること
②各国公使へ公然と宣戦の旨を通知すること
③海外駐留の日本公使、領事などに通知すること
④地方官へ特別の訓令を発し、土地その他取締を厳重にすること
⑤清国にいる公使、領事などを引き上げるようにすること
⑥西郷隆盛、木戸孝允、板垣退助を早急に招聘すること
⑦軍事用、郵便電信を別に取り設けること

⑧天皇を大元帥とし、六師を統率し、大坂に本営を設置すること
⑨親王、大臣の中から先鋒大総督を選び、長崎まで進軍すること
⑩進軍の条目を定め、陸海軍参謀に授与すること
など

このように有事に向けて臨戦態勢を整えながら、清国との宣戦発布の準備は整えられつつあったのである。臨戦態勢に及んだ場合、西郷隆盛、木戸孝允、板垣退助を招聘するように取り決められている。現実に行われたわけではないが、征韓論で下野していた西郷は、決して政界から放逐されたわけではなかったのである。

大久保は出国直前まで「談判破裂」に際し、第一報が出された場合にはすぐに二三大隊が出兵することなど、具体的なところまで含めて検討されている。

かくして、大久保は北京に向けて出発した。八月一九日、上海に到着した。九月一日に天津に到着し、一〇日に北京に到着した。ボアソナードを相談役にし、万国公法を武器に議論を展開することにしたのである。

日清の関係、和戦いずれかの結論は、大久保の双肩に託された。

戦争か和平か

明治七年九月一〇日、北京に到着した。事態は急を極めていた。行程の途中での情報によると、

天津の李鴻章は「最早今日に至り談判は無用」と述べ、「速に交戦に決し、内地に布告あるべき」と、清国政府に開戦を主張したといわれる（『文書』九二〇）。大久保は、李鴻章の意見が採否いずれになるにせよ、かかる情報から、事態は切迫しているという認識をもっていた。

天津では九月一日から六日まで滞在し、北京の動静を探っている。柳原公使からの情報では、「蕃地に居る我兵を如何する哉」と（『文書』九二一参考）、台湾の兵を引き上げるか否かという点が論点となるだろうと伝えられている。

北京に到着すると、すぐに第一回目の交渉が始まった。基本的な論点は、清国は生蕃の地を属地というが、日本は無主野蛮の地と主張している。

つまり大久保の議論の方法は、台湾が無主の地であるとすれば、日本が自由に処分できるものであるとし、清国の属国であれば台湾での野蛮行為の責任を問うことにしたのである。会談は四度にわたり行われたが、結局まとまっていない。

九月二七日に、大久保が三条に宛てた手紙を参照すると、「勝を取候処を一大眼目とし、初発より談判往復に及候義に御座候」と、大久保は談判で果実を得ようとしているが、なかなか捗々しくなく、「支那政府終に戦に決候か、或は平穏に成局之意か、未其実を得不申候」と、清国政府の姿勢が戦いか平和かのいずれの選択を採るかは不明であるとしたのである。そして、「英米公使の語気を以考慮するに、何とかして無事に収め度との意は有之様推察いたされ候」と、英国や米国の意向を考慮すると、平穏に解決したいという方向性を示している（『文書』九二四）。

しかし、そういった外国の意向とは裏腹に、とうとう第四回目の議論が終了した。一〇月五日には「彼の模様中々折合付候勢に無之、不得止断然申切候……」となったのである。大久保は、「申切候」と啖呵は切ったものの、一〇月七日の『日記』によると「此結局に付、黒白分明決絶に及候趣意云々を論ずるあり、或は其ままにて引払候趣意云々論ずるあり、実に小子進退此に谷り候一大事困苦の至り」と、成果を得ることができず、大久保は引き揚げるべきか否か苦渋の心境を吐露している。また、この時、大久保は顧問であるボアソナードに対し、「公法上戦の名義、且日清今日の景況を以て段々及質問……」と、国際公法に照らして、戦争の名義は立つのか否か相談している。

結局、名義に値する内容は「照会中無礼の語あり」といった程度であり、「談判の纏らざるのみにて決絶を以表面戦を期して帰るは不宜」と、戦争するにも「名義」がない状態であったのである。

大久保窮地に立つ

大久保が三条実美に宛てた手紙を参照すると、「手詰の談判に及び、彼れの底意の在る処を捜り、一刀両断の談話に可及の心籌を以て論弁晷を移すに至り候へ共、到底其帰着する処無之……」（『文書』九二九）と、談判したのであるが、まとまらず、手詰まりの状態にあることを紹介している。ただ、和平か戦争かの判断については「於支那も不容易国家之大事安危存亡に関する際に当り、必死困難之内情に相違無御座と被察候」と（『文書』九三二）、基本的に戦争への方向は清国も考えていないという見通しであった。

ただもはや、清国の回答次第によって、大久保は北京から引き上げ、そのあと、柳原公使なども引き上げることを決めていた。大久保は三条に対し、そのような事態になったとしても「名義上に於て御国の不理なる事は毫も無之、又他の各国に於ても異議を容れ候儀は萬々有之間鋪と存候」と、本国（日本）の不利になることはないと、弁明している（『文書』九二九）。

他方、この時期の日本国内の様子について、岩倉具視は大久保に書翰を送っている。それによると、山県有朋と川村純義により精力的に準備が進められており、両国（日本と清国）との開戦の可能性があることから、「人気相振上下一致、貴卿の報信を屈指企望之姿に候」となり、さらに志願兵なども表れている様子を紹介している（『文書』九二八参考其三）。

大久保にとって、万国公法をもって、台湾の処理に当たったのであるが、清国政府の老獪な議論の前に、苦戦を強いられた。結果、第四回目の談判で「断然申切候」と啖呵を切ったものの、この破談をもって開戦の理由にもならなかった。しかも国内では、有事を想定し、軍備を着々と準備しつつあり、成果もなく北京を引き払うということは開戦を意味していた。しかし、開戦をするにしても国際的な大義がなかったのである。

大久保にとって進退極まったのである。幕末から明治維新にかけて、将軍慶喜や山内容堂とも堂々と論じ、ある時には恫喝し、ある時には辞表を出すなど、様々なことをして意見を通してきた論客大久保が、老獪な清国に翻弄された形となった。大久保にとって最大のピンチであった。

大久保の決断

明治七年一〇月一一日、英国公使ウエードから和解の打診がなされている。万一、戦争状態にでもなれば、英国にとっては、清国（特に上海）での商業活動に影響を与えかねないからである。英国公使は、大久保に対し「内々にて一言頼むとの事あれば、説諭尽力して償金を出さしむべし」と、内々にでも調停を依頼してくれれば、英国公使の方で清国政府に賠償金を出すように交渉尽力するとの話を持ちかけたのである（『日記』）。これに対し、大久保は決然と断っている。日本の立場は談判で解決するか、それが駄目なら開戦の二者択一であった。よって、中途半端な和議で決まれば、結果として納得いかないものになりかねないというのが考えであった。

この大久保の姿勢に対し、英国公使は「面会実に感伏、此節は必支那政府償金を出すのことに至るべし」と賞賛し、これで和解が整えば「日本の日本たる名誉欧州にも輝き、誠に可賀の至りなり」と、欧州で評判を博すことを述べている。さらに、「今后日本は朝鮮へ手を出すべし、夫なれば英第一に助力可致、其方日本の為には上策なるべし云々」と、朝鮮への進出を推奨したのである（『日記』）。

一〇月二〇日、再び談判が行われたが、清国政府の主張は台湾からの即時撤兵を主張したものであり、談判は決裂した。その後、二五日、英国公使ウエードは、清国の意向として償金五〇万両《テール》で和約することを提案したのである。この提案を受けて大久保は、「不容易大事件に付、勘考の上参上可及御答……」と、熟考を約束した。

大久保はこのまま談判がまとまらず帰国するとした場合、使命を果さなかったという批判は当然のこととして、国内の開戦論を抑えきれないと判断していた。開戦が行われた場合、大久保が最も危惧していたのは、勝敗よりも「名義上に於て我より宣戦の名十分ならず」と、日本から宣戦することは名義上十分でないことであった。

結果、世論に押されて開戦した場合、無理に戦争を招くことになり、国内からはもちろんのこと、各国からも誹謗を受け、最終的には「我独立の権理を殺くに至るの禍を免ざる虞なしと謂うべからず」と、自立した国として認められなくなることを危惧したのである。つまり、このことは条約改正の悲願が遠のくことを意味していた。

そして、「和平を以事を纏るは使命の本分なれば断然独決し」と、大久保は決断した。①道路を修理し、営舎を建てる費用と琉球民の被害者の金をあわせて清銀五〇万両《テール》（七七万円）を償う（原則一任する）とする。②日本の台湾出兵を義挙として認め、両国間の紛議を取り消すこと、の大きく二つを提案したのである。

柳原公使からは、賠償金額が少ないという意見もあったが、義挙であるという趣旨に従い、金額の多寡は問わないことにした。かくして、五〇万両のうち一〇万両を先に受け取り、残額は後日改めて支払われることに決めた。大久保はこうして北京を発った。

「雨降って地固まる」

帰りに、天津で李鴻章と会見している。李鴻章は太平天国の乱を鎮圧し、一八七〇年には直隷総督兼北洋通商事務大臣となり、清国政府の外交、軍事、経済の全権を掌握した人物である。この李鴻章から大久保は「伊達、副島公へ別て厚意を受、副島は材あり気量あり、乍去閣下の御手涯遥に増れり」と、伊達宗城や副島種臣の器量もさることながら、大久保の器量を絶賛している。それに対し、大久保は「雨降地固の俗語あり」と、両国の発展を約束し、さらに日本には銅山が多いことから必要であれば輸出することまで約束したのである。

帰りぎわ、西郷従道と面談し撤兵を確認している。こうして大久保は、長崎を経て横浜に上陸した。新橋駅から馬車に乗り太政官に行き、事の次第を報告している。休息後、騎兵付きの馬車に乗り帰宅した。大久保はその日の感激を「嗚呼人民の祝賀、御上より御待遇の厚誠に生涯の面目只々感泣の外なし、終世忘却すべからざるの今日なり」と、記している。

大久保の決断で、清国との開戦はなくなった。薩摩とイギリスの関係は薩英戦争以来のことであるが、日本とイギリスとの強い関係は、この時からなのかもしれない。以来、イギリスが示唆した通り、日本は朝鮮半島へ積極的に進出する。そして、明治三五年には日英同盟が結ばれることになる。

明治七年一二月一八日、対清交渉の成果を受け、大久保は、錦三巻、白縮緬四匹と金一万両を受けることになったが辞退した。三年後、大久保が殺害された時、自身のもとに残されたのは八〇〇〇円の借金だけだったといわれる。決して楽ではない生活であったが、家庭を省みない大久保であった。大久保の望みは温泉に行くことだった。消化器不良で入浴療養が必要だったのである。直後、有馬温泉に療養することを願い出ている。

琉球を日本へ

明治一二年四月四日、琉球藩が廃藩され沖縄県になった。以後も琉球問題は清国との間でくすぶり続けるが、日清戦争の結果、琉球王国としての希望はほぼ完全に絶たれることになる。

明治四年の廃藩置県の時、琉球王国は鹿児島県の管轄に入っている。しかし、他方清国にも朝貢しており、両方に所属していた。さらに、安政年間には、諸外国と条約を締結し、独立国としての体をなしていた。こうしたことに対し、明治七年七月、琉球藩の事務は外務省から内務省へ移管され、一二月二五日、大久保は琉球を日本の版図とすべく琉球処分推進の建議を行った（『文書』九五七）。大久保は、琉球の立場について「曖昧模糊として何れの所属と申儀一定不致」とし、こういった形態が「数百年来の仕来り」であるとしたのである。こうした状況を、清国に談判した結果、台湾派兵の原因が琉球難民の保護であることを、義挙として認められ撫恤銀《ぶじゅつぎん》を受領した。このため琉球は日本の属国であるという主張が、他国からも認められたのである。そして、台湾派兵のことを考えると、琉球藩の王は日本に謝辞を述べるべきであるとし、上京を促すことを主張したのである。

大久保が琉球処分に力を注いだのは、薩摩藩出身だったこともあるだろう。幕藩体制下において、薩摩藩は琉球を自分の支配下に置いていたが、琉球は清国の冊封体制を維持していた。また、琉球国は、国王の襲封を感謝するために幕府に謝恩使を派遣している。これは、幕府にとっては対外的威信を高める役割を果したが、琉球王国としても自立した存在として位置付けられていたのである。

明治八年五月、大久保は三条実美に対し、琉球藩について、福州にある琉球館を廃止すること、清国官船の渡来を廃止し、さらに清国と琉球藩との間で行われていた関係は、一切外務省が引き継ぐように建言している。

北方の千島列島、樺太などの国境問題が解決する中、明治政府として琉球王国の帰属は重要な課題であった。薩摩藩出身である大久保にとっては、当然、日本に帰属すべきとし、外務省から内務省に管轄を変えてまで、この問題の解決を図ったのである。

4　大久保外交

ここで大久保外交の特徴をまとめておこう。大久保の外交スタンスは、軍事と対話を基調としていた。できれば大久保自身が交渉に当たり、その是非を対話を通じて問いながら、決裂した場合は軍事をもって決着をつけるという方法である。この方法は征韓論の時に西郷がとったスタンスと同じである。いずれの場合も、結果として、軍事力の出動はなかったが、開戦の可能性は充分あったといえるだろう。

清国北京での談合においても、大久保にとっての判断の基準は、国際公法に照らして戦争の名義が立つか否かであって、清国との戦争で勝てるか否かではなかった。なぜ、大久保が国際公法に照らした名義にこだわったかといえば、条約改正があったことによるのだろう。西欧諸国に認められるためには、名義が必要であったのである。もちろん、こうした判断の前提には、すでに朝議で清国との開戦が決まっていたことも念頭に置く必要がある。

北京での談合までの大久保は、対外交渉は、弁論による「対話」と軍事のいずれかの決断であった。北京での交渉によって、もう一つのオプションを加えた。それが第三国の仲介である。北京での談合では英国公使ウエードの肝いりにより仲介がなされた。これにより、清国の老獪な外交交渉に悩まされていた大久保の危機を脱することができたのである。

ちなみに、この時、英国公使ウエードは朝鮮半島への進出をそそのかしている。この時の忠告が、その後の朝鮮半島への侵略につながったか否かはわからない。ただ、いえることは、その後、日本は朝鮮半島へ進出し、日英同盟を結ぶことになる。大久保外交が近代外交の道筋をつけたといってもよいだろう。

第5章　政治体制から経済へ

1　巨大省の成立——初代内務卿大久保利通——

内治優先・民力休養——征韓論に関する意見書——

明治六年一〇月、大久保は、「内治優先、民力休養」を主張することで、西郷たちが主張する征韓論を退けた。大久保はこの時、「征韓論に関する意見書」を作成している（『文書』七〇八）。征韓論を批判したもので、七条で構成されたものだが、それを紹介しつつ、大久保は当時の国内情勢について、いかに認識していたか紹介していくことにしよう。

第一条、廃藩置県を始めとした維新変革によって、多くの新令が出され、全国の人心は落ち着いていないこと。

第二条、政府の費用が膨大であることを指摘している。こうした中、開戦し数万の兵を派兵することで、甚大な費用を要し、重税や外債、紙幣濫発の恐れがあるということ。

第三条、政府の諸業を起こし、富強の道を計画しているものの多くは、数年後の成功を期したものであり、海、陸、文部、司法、工部、開拓などいずれの諸業は一朝一夕に成果が表れるわけではないとしている。ここで開戦することは、政府が積み重ねてきた「（政府）創造の事業」を潰し、これまでなされてきたことはほとんど水泡に帰してしまうこと。

第四条、輸出入額をそれぞれで考えると、輸入超過であり、輸出の方がおおよそ一〇〇万両もの損失を生むとし、その不足分は金貨によって償却することになる。この金貨が海外に流出することで、自政府の信用を失い、紙幣の価値をも失うことになる。また、「輸入品に換るに金貨を以てせず、既に製造したる産物を以て交換する時、始て貿易は一国富強の基たるを知るべし」と、輸入品の代替を金貨ではなく、産物とすべきであり、輸出と輸入が均一化されることが望ましいことを指摘している。特に、開戦になると、内国の物産は減少し、しかも「船艦、弾薬、銃器、戎服多くは外国に頼らざるを得ず」と、輸入がさらに増大すること。

第五条、外国との関係を展望すると、ロシアとイギリスが重要である。ロシアは南下政策が行われており、樺太を虎視眈々と狙っていた。こうした中、朝鮮と日本が対立することは、ロシアに「漁夫の利を得んと」なること。

第六条、イギリスについては、「亜細亜洲中に於て英は殊に強盛を張り、諸州に跨りて地を占め国民を移住して兵を屯し、艦を泛えて卒然不虞の変に備へ、虎視眈々朝に告れば夕に来るの勢あり」と、英国の世界支配の情勢下、日本の場合、「外債多くは英国に依らざるなし」と、外債の多くをイギリスに依存しており、もしも「吾国に於て不虞の禍難を生じ倉庫空乏し、人民貧弱に陥り其負債を償うこと能わずんば、英国は必ず之を以て口実とし、終に我内政に関するの禍を招き、恐くは其弊害言うべからざるの極に至らん」と、負債の返済が困難になった時には、イギリスは、それを口実に必ず内政干渉するであろうことを指摘する。この例として植民地となった印度の例を紹介し、「早く国内の産業を起し、輸出を増加し、富強の道を勤め、以て負債を償還せんことを計るべし」と、殖産し負債の償還こそが先決であるということ。

第七条、欧米各国との間で結んだ不平等条約を解決するためにも、独立国としてふさわしい体裁を取るべきであること。

以上の七条の中で、大久保は外債の返済と国内産業の育成の結果としての輸出増（輸入増）の必要を説いている。大久保にとっての「内治優先・民力休養」の主張は、外債の増発による欧米列強からの干渉への危惧、輸出増を目指した在来産業の発展、これらの結果としての自立した国を目指す上で不可欠の不平等条約解決があったのである。

内務省の成立

明治六年一〇月二五日、征韓論紛議の決定をみた大久保は、新たな体制作りに着手した。伊藤博文に宛てて「十分廟堂上之目的確定其実跡を挙げ、政府之基礎相据候迄は一歩も不譲決心不相付候ては相済不申候付、厚く固め置申度……」と、明治政府の基礎を固めるために強い決意を表明している。翌日には大隈重信と伊藤博文の三人で会合し（『文書』七二六）、「至尊御輔導云々之事」「大臣殿其体を得られ候事」「同僚同心協力云々の事」の三カ条を確認した（『日記』）。「昨日の敵は今日の友」大久保と大隈・伊藤の間は、民蔵分離問題の過程で厳しい議論をした間柄である。ほかにも伊藤は廃藩置県の断行において、辞表の提出をほのめかしてまで、大久保と対立した。しかし、この時、三人は結びついた。後に、内閣顧問であった島津久光が大隈重信に対し辞表を迫った時、大久保も辞表を提出しようとし大隈をかばっている。「同僚同心協力」の関係を遂行したのである。

宮中改革が推進され、正院と宮中との間で密接化が図られると共に、軍と天皇の関係が密接になった。また、参議兼大蔵卿に大隈重信、参議兼外務卿に寺島宗則、参議兼工部卿に伊藤博文、参議兼海軍卿に勝海舟、参議兼司法卿に大木喬任が任じられた。参議と行政各省の長官である卿を兼任させることにより、縦割りになりがちな行政各省の動きを参議＝正院の構成員になることで、克服しようとしたのである（黒田信二「大久保利通の政治体制構想とその展開」）。

そして新たに内務省を設立する。内務省は警保寮と勧業寮、戸籍寮、地理寮、土木寮、戸籍寮、駅逓寮、測量司、記録課、庶務課と六寮一司二課を配置し、さらに、警保、勧業の二寮を一等寮とし、その他は二等寮として編成した。

廃藩置県によって、統一的中央集権国家への方向を可能にした。実際、過重な負担に堪えられる強力な中央集権国家を必要としたのである。その結果、内政統轄の機関が必要になる。かくして、警察、地方官の指導、殖産興業などの重要な業務を握り、内地優先の実を挙げるために、巨大な省＝内務省が登場する。明治六年一一月一〇日に内務省が設立されると、一一月二九日に大久保自身が内務卿に任じられ、参議兼内務卿になった。

2　大久保政権

大久保の政治観——「立憲政体ニ関スル意見書」——

明治六年一一月、大久保は「立憲政体に関する意見書」を提出した（『文書』七五四）。同じ日、伊藤博文と寺島宗則の二人が政体取調掛を命じられたが、これを受けて、大久保が自身の意見として伊藤に示したものとされる。この意見書は、吉田清成が起草した「政体論」と、吉原重俊が提出した取り調べの結果などをもとに作成されたものである（藤田正「大久保利通の『国民国家』」）。同意見書を参照すると、大久保の政治のあり方と、天皇大権についての考え方が示されている。

まず政治のあり方だが、大久保は「民主政治」「君主政治」そして「君民共治」の三つの政治のあり方を展望している。まず「民主政治」は「広く国家の洪益を計かり、洽ねく人民の自由を達し法政の旨を失わず、首長の任に違わず」と、法律に基づき人民が自由で、国家の利益が図られている。こうした国は、アメリカ合衆国、南アメリカ、スイスなどがそれに当たる。とりわけアメリカ合衆国は君主政治の圧政に苦しんだという歴史的背景があるとしている。

フランスの民主政治はフランス革命などによる「暴虐残虐」と評価している。

「君主政治」は「其自由を束縛し、其通義を圧制し、以て之を駕御す」と評価し、決して好ましい政治形態とはいえないが、「此れ方さに一時適用の至治なり」としている。よって一時的に適用できる政治形態であると判断している。すなわち、「明君あり下も良弼ある時は、民其禍を蒙らず……若し一旦暴君汚吏其権力を擅《ほしい》ままにするの日に当りては、生殺与奪唯意惟れ行う故に、衆怒国怨君主一人の身に帰し、動もすれば廃立簒奪の変あり、其法政概むね人為に出で天理に任かせず」と、フランス革命などを例にしつつ、君主政治は名君であればよいが、暴君であれば国家が成り立たなくなるとしたのである。

その上で、政治の形態は「君主政治」であろうが「民主政治」であろうが、「土地風俗人情時勢に随て、自然に之れを成立する者にして、敢て今より之れを構成すべきものに非らず」と、その国の事情に応じて構成されるべきものであるとした。

日本の場合は、「君主擅制」であるとし、しばらくは、この体制が望ましいと述べている。ただし、最近は「風俗は進取競奔の気態を存し、人情既に欧米の余風を慕い、時勢半ば開化の地位に臨む、将来以て之れを固守すべからざるなり」と、欧米の思想に学び開化の気風も見られることから、「君主政治」に固執する必要もないとしている。ただし、大久保は「民主政治」を展望していたかといえばそうでもない。「然らば則わち政体以て民主に帰すべきか。曰く不可」としている。すなわち「人民久しく封建の圧制に慣れ、長く偏僻の陋習以て性を成す、殆んど千年」と、千年近くにも渡る封建の圧制に慣れており、「無気無力の人民」であると、人民の気概が不足しているというのである。よって、「民主固とより適用すべからず、君主も亦た固守すべからず」と述べている。それでは、ということで提起されたのが「君民共治」であった。この「君民共治」とは、「君民の間其権限を定め、以て法を立つ、君主之れに因りて自ら国政を理むるものを云う」と、君と民との間で「独立不羈の権」を有しつつ、その中で決裁を立君独裁の国であれば、「君意を以て確然不可犯者」とし、人民共治の国であれば「定憲定法を以確乎不抜の者」としたのである。そして、大久保は、この「民主政治」「君主政治」そして「君民共治」の三つの政治のあり方を「斟酌折衷するもの」でなければいけないとしたのである。

これまでの研究によると、大久保は、同史料を通じて、「君主政治を目指していた」とか「民主政治を目指していた」などと、主張する論調が多い。しかし、史料を読んでいると、そのような択一的な判断をしていたわけではなかった。むしろ日本の国情に見あった政治体制を志向していたのである。日本の実情に合わせて各国の様々な制度を弾力的に吸収する。大久保の柔軟な思想として評価できる点である。

その上で、大久保は天皇について、「神となす」とし、よって、「天皇の大権其の外貌益重もければ則わち其実権愈軽し」と述べている。つまり、天皇は「物理の自然」であり「人力の支うる所ろに非ず」と、天皇の権限は無限でありながら、人為の及ぶところではないので、責任の所在にならないとしたのである。

このように大久保は特定の国をモデルにして政治を構想したわけではなかった。欧米各地の政治体制を研究・モデルにしながら、長所・短所を見極め、日本独自の立憲政体を展望したのである。

大久保の初陣——佐賀の乱——

明治七年二月三日、いつも通り大久保は一〇時に太政官に出勤し、午後二時から内務省に出勤した。この時、急ぎの情報が飛び込んできた。佐賀の方で不穏な状況が起きたのである（佐賀の乱）。その前の一月、大久保の身の回りには衝撃的なできごとが起きていた。一月九日には内閣顧問であった島津久光が辞表を提出している。政府の重鎮である久光の辞表は、政治への影響は少ないものの、円滑な運営に影響が予想されたのである。

一月一四日には岩倉具視が赤坂喰違見附で襲撃された。さらに、一月一七日、板垣退助などによって民撰議院設立建白書が提出されている。不幸なことに、この時期、先年の征韓論紛議に伴い西郷隆盛が下野したのを受け、警保寮官員八〇〇～九〇〇名のうち一〇〇名以上もの官員が西郷に従い辞職していた（『文書』七九一）。このため、治安能力が弱体化し、管掌機関である内務省は、治安維持が大きな課題として頭をもたげていたのである。

征韓論紛議で下野した江藤新平が二五〇〇名もの同士と立ち上がったのは二月一日のことであり、二月一五日に元秋田権令で憂国党であった島義勇と共に県庁を襲撃した。この時、襲撃した人数は一万二〇〇〇人にまでのぼっている。大久保は、江藤新平が立ち上がった二日後にこの情報を入手した。早速、松方正義、吉原重俊たちを呼び、対応策を検討すると共に、西郷従道に書翰を送り、翌日朝一〇時までに来宅を要請し、翌日、鎮台兵を派出する打ち合わせがなされている。さらに、岩村高俊を佐賀県令に委任することなどを決めている。

二月七日には、福岡県を初めとして、広島鎮台、長崎、蓮池城など各所で出火の電報が届いた。各所で「火の手」が挙がりつつあったのである。こうした状況のもと、大久保は「是非実地に派出し、処分いたし度旨建白いたし候」と、自ら現地へ出張する決意をした。翌日、木戸孝允のもとに行き、相談したところ「至極同意なり」と理解を得、三条・岩倉にも決意を語っている。

さらに「人心動揺之際、此挙に由て如何波及仕候も難図、此御処分に因て全国之動静に相関し不容易場合と奉存候」と人心が動揺し、この対応次第によって全国にまで波及する恐れがあるとし、また「軽重を以論じ候ても、断然此機を失わず、御処置有之候義尤肝要にて」と、この機会を失わずに確固たる対応こそが肝要であることを述べている。しかも「人民之安否に相拘り候大事之折、座視傍観仕候義心底において安堵仕兼候付」と、人民の安否にも関わる大事であるので傍観するわけにはいかないと述べている（『文書』八一四）。こうして大久保は、異論が出されるのを承知の上、九州出張の願いを「赤心懇々切迫に申上」たのである。

三条実美も木戸孝允の意見を踏まえつつ、八日に「大久保にても御遣し之程無之ては鎮定不可致と申居候」と、大久保の九州派遣が不可欠であるとの見解を岩倉に対して示し、二月九日には大久保に乱の鎮静を命じている。

これまで大久保は戦場に出ることはなかった。しかし、征韓論以来、不平士族の不満が大久保に集中していたため、大久保自身で鎮圧する必要があったのである。これが大久保にとって、初陣であった。

大久保の権限

大久保は佐賀の乱の鎮圧に先立ち、陸軍少将鳥尾小弥太を大阪鎮台に、山田顕義を西海道に、外務卿山口尚芳を長崎に派遣した。さらに内閣顧問島津久光を鹿児島に派遣し、佐賀の乱に同調する浪士を制止するように努めている。

この時大久保は「臨機処分権」を与えられた。この権限は、①県内（佐賀県）および近県の秩序回復のために、司法警察権と裁判権が認められたものであり、必要であれば軍事力の行使や死刑処分に至るまで認められていた。さらに、②地方官への人事権・賞罰権・命令権を有すること、③時機に応じて陸軍出張官員と協議して鎮台兵や隣県から人数を召集すること、などが認められていた。

本来、これらの権限は関係する省庁または地方官が太政官へ伺いをたて、それに重要事項は太政大臣が天皇の裁可を得た上で行使するものであった。これらの権限を、現場の状況によって、大久保自身の判断で行使することができたのである（羽賀祥二「明治初期太政官制と『臨機処分』権」）。

第4章の「大久保外交」においても、北京での交渉において、大久保は強大な権限を有していたことを紹介した。この権限は内務卿あるいは参議ではない、大久保個人に対して与えられたものである。こうしたことが「大久保絶対政権」「大久保独裁」などといわれる要因でもあるのだろう。

大久保は二月一九日に博多に上陸し、福岡に本陣を敷いた。二月二〇日から戦端が開かれた。この時、大久保は初めての戦場であったが弾丸が往来している中を、平然と往復したという（「佐賀陣中の公」『大久保利通』講談社）。大久保は佐賀の乱を一週間程度で平定した。大久保は江藤たちが鹿児島・宇和島・高知と逃走している様子について、手に取るように把握している。そして、黒田清隆に宛てて「江東は無申迄、島其外重立たる者悉く逃去り候、実に一箇之男子たる者なし」と、腑甲斐なさを述べている（『文書』八三四）。大久保は江藤一行の逃亡の様子については逐一報告を受けている。

結局、江藤新平は高知で捉えられた。その後、江藤新平は護送され裁判を受けることになる。

大久保は裁判の様子を傍聴しているが、詰問に対し曖昧にしか答えられていない様子を見て「江東陳述曖昧実に笑止千万、人物推て知られたり」と、冷淡であった。これは征韓論での論敵だったからだけではないようである。同じ時に陳述している「賊中人間らしきものは副島、朝倉、香月・山中のみ」と書かれている。四月一三日に処刑される時でも「江藤醜体笑止なり」と冷淡であった。それに対し香月（経五郎）は「賊中の男子と見えたり」「可憐むのも有之」と高く評価している。不平士族による武力蜂起に対し、大久保は初陣を果し、無事に鎮圧した。これは、力に対して力で鎮圧するという見せしめでもあったし、日本のビスマルクたらんとする大久保の強権性をかいまみる一件でもあった。

大久保の孤独

明治八年二月、大久保は木戸孝允と板垣退助を招き、大阪で何度か会合し、将来の政治を論じている。こういった、政治の表舞台と共に、有力者との会談を通じて、政治の方向性を見出していくことは、この時期しばしばあったことである。これを大阪会議という。木戸にしても、板垣にしても、下野したからといって政治生命を絶たれたわけではなかった。この点は、西郷隆盛も同様である。

征韓論争の結果、西郷隆盛や江藤新平、板垣退助たちが下野した。また、木戸孝允は、台湾派兵をめぐって、大久保の方針を厳しく批判し、帰郷している。明治政府は、大久保自身に強大な権力を集中することとなったが、逆にいえば、大久保一人孤立していたともいえる。

この時期、大久保は、政治改革、内閣顧問島津久光の辞表騒動、佐賀の乱、さらには台湾出兵をめぐる処理など、内務卿としてよりも参議としての仕事に時間を注がなければならなかった。さらには、自由民権運動や不平士族の不穏な動きを初めとして東アジアの国際情勢など、諸情勢は決して予断を許す状態ではなかった。また、財政基盤の確立を意図した地租改正事業は途半ばの状態であった。本人も、このことについて認識しており、「内変外事、相継て起り其事に奔走して省務を視るに由なく、殆んど一歳を経過せしは已むを得ざるを事と雖も、亦之を回顧すれば深く嘆息せざるを得ず……」（『文書』一〇〇九）と述べている。

大久保にとって、理想を現実にする前に、まだまだやるべきことが横たわっていた。大久保にとって内務卿として実行したい事項は山積していたが、それ以上に参議としての仕事に追われていたのである。こうしたことから、大久保はその体制を強化する必要があったのである。

独裁者でないために　大阪会議

大阪会議では、木戸孝允と板垣退助が主張した復帰条件に対し、大久保は「小子異論なき旨」と回答し、①専権を制するため元老院を設立し、他日国会にまで発展させる。②裁判を確立するため大審院を設ける。③上下の民情を通じるために地方官会議を開催する。④天皇を中心とした政府に改造し、国務大臣と事務大臣、参議と諸省卿を分離する、といったことを約束した。

こうして明治八年三月、木戸孝允と板垣退助は再び参議に任じられることになる。そして、四月一四日、「漸次立憲政体を興す」の詔勅が出され、立憲制や三権分立を念頭に据えた近代国家を目指すことが約束されたのである。大坂会議で約束した元老院・大審院、地方官会議などの設立が実行されたのである。

木戸が参議に再び就任したのは明治八年三月八日だが、その一年後の九年三月二八日に再び辞めている。大久保は「為天下御注意無之ては、返て患害を来し候も難図と奉存候に付、木戸に今一歩之担任力を憤起するに至らざれば、利通において目的さっはり相立兼候」と、木戸への再度就任を三条に願い出ている（『文書』一三七二）。

大久保は決して孤独ではない。大久保の周りでは、伊藤博文、大隈重信、黒田清隆を始めとして多くの人々が支えていた。大久保暗殺の斬奸状には有司専制と批判されていた。しかし、大久保にとって本当に頼りにして必要にしていたのは、幕末から苦労を共にしてきた木戸孝允であり、西郷隆盛だったのである。

3　民業の活性化

「殖産興業に関する建議書」

明治七年六月ごろ作成したといわれる「殖産興業に関する建議書」を参照しながら、大久保が展望する富国のあり方について述べていこう（『文書』九〇〇）。同史料によると「大凡国の強弱は人民の貧富に由り、人民の貧富は物産の多寡に係る、しかして物産の多寡は人民の工業を勉励すると否ざるとに胚胎すと雖も、其源頭を尋るに未だ嘗て政府の誘導奨励の力に依らざるなし」「人民殷富充足すれば、国随って富強なるは必然の勢にして」と述べ、「如此なれば、諸強国と輿を並べて馳る亦難きにあらず」と、人民が豊かになること（民富による国富）を展望し、民間が工業化を推進し、物産を豊富にすることこそが、富国の基礎になると認識していた（「大久保利通」佐藤誠三郎）。そして、欧米列強と肩を並べることを目標に据えたのである。

そのために、政府の役割は「工業を奨励し、物産を増殖せしめ、以て富強の根抵を固うする」ことにあるとしたのである。もちろん、この「殖産興業に関する建議書」を参照すると、台湾派兵や佐賀の乱などによって国内が動揺しているため、殖産興業は十分なされていないとし、「人民保護の実」を挙げるべきとしている。この場合、「実」とは「財用」のことであり、「財用」が充足するまでは、衣食に奔走し、その他を顧みることができないとしたのである。そして「財用」が蓄積されれば、余裕ができ「海陸軍備」や「学校教育」が盛んになるとしたのである。

明治七年段階の殖産の状況を振り返ると、「勧業殖産の一事に至りては、未だ全く其効験あるを見ずして民産国用日に減縮するに似たり」と、悲観的な見解を述べている。そして、政府官僚は「時勢の変に通じて、有益の業を営むこと能わざるに出れ」と、時勢の変化に応じて有益な生業を営む能力がない中で、「政府政官の茲に注意せずして、提携誘導の力足らざるの致す処なり」と、政府官僚もこの点を注意せずに提携や誘導する力が不足していると述べている。そのためにも、「其責任ある者は深く省察念慮を盡し、工業物産の利より水陸運輸の便に至るまで、総じて人民保護の緊要に属するものは、宜しく国の風土習俗に応じ、民の性情智識に従って其方法を制定し、之を以て今日行政上の根軸と為し」と、政府官僚を始め担当者は、工業物産の利から水陸運輸の便宜まで、国の風土や習俗に至るまで把握し、それに応じた方法を施策することが行政の根軸であると指摘している。

イギリスとの比較の中で、政府官僚が港湾や鉱物を天然の利に応じて補修して盛大にしていくことを求めている。さらに、イギリスと日本を比較すると、自然条件は似ているが、日本人は気性が弱いので、それを誘導督促して工業に勉励忍耐させるのは、行政の義務であるとしたのである。

また、お雇い外国人について、明治九年一二月に大久保は見解を述べている。それを参照すると、「外人の説に由らざるはなし、彼外人たるや固より会計の有余不足を顧るの理なきのみならず、皆彼の研窮したる技倆を試みんと欲し、開明の強国に行う処のものを以て模範とし、是が建築を起し、是が事業を成し、恣に意を達したるものにして、取も直さず欧亜の皮相を移したるものと言ざるべからず」と、お雇い外国人は財政不足の原因になるだけでなく、自身の関心に基づいた技術を試験するだけで、表層だけの技術を移転させたものであるとし、振り返ってみると、「今日本国の適度を以て論ぜんに、外飾の実力に超過する幾層なるを知らず」と、日本の現状を超えた上っ面だけを変化したものであり、「所謂出店を張り過ぎたりと言う可し」と述べている（『文書』一三五三）。

輸出奨励と輸入防遏

明治八年五月、大久保は三条実美に対し内務省の事業について建議している。それによると、大久保は現状の認識について「輸出年々限りあり、況や毛布・綿糸、糖、鉄民間の供用夥多にして、茶糸蚕卵の産出僅に増殖すと雖も一切輸入の物品に適する能わず、しかして工業未だ挙らず、商法未だ盛ならず、各地方の衰状一歳一歳より甚しく、生理寂索に帰するもの此なり」と、輸出物品である茶・糸・蚕卵の輸出は毎年限界があり、しかも工業への成果も挙がらず、商法も盛んではなかったという理解があった。逆に輸入防遏にも眼が向けられ、輸入防遏の対象として「毛布、綿糸、糖、鉄」とされたのである。その上で、「内務省を置かれしは、専ら内治を整へ、力を根基に尽して体裁の虚文を講せず、奇功を外事に求めず、民産を厚殖し民業を振励することにありと信じ……」と、民業を奨励することにしたのである。さらに、「内治を整へ、国力を養うことを務め、基礎の未だ堅確ならざるものを堅確にし、節目の未だ整備ならざるものを整備して、実力を養い、今の形勢を匡救するの方法を講究挙行し、安治の根基を牢固にせざるべからず」と、輸出奨励と輸入防遏の両面の意味で地道に基礎を固めることを主張している（『文書』一〇〇九）。

このように、明治初期に行われていた欧米模倣の工業奨励方針（移植型工業）から、大久保内務卿の段階において、在来産業や農業を重視した「民業」奨励へと方針を展開する（安藤哲『大久保利通と民業奨励』）。そして、より緊要課題として、①樹芸、牧畜などの農工商の奨励、②山林保存、樹木栽培、③地方政治の整備、④海運、の四つの点を挙げたのである。

明治八年に内務省勧業寮の定額金見込書（予算書）を提案した時にも、勧業の目的を述べているが、そこでも「物産を繁殖し、貿易をして益盛大ならしめん」とすることを述べている。さらに勧業寮の設立についても「目下の形勢に応じ、或は民智の足らざるを助け、民力の及ばざるを補い、亦は貿易上輸出を盛大にし、輸入を防禦する為め之れが規則を定め、製造所を設け、牧場を開き、又は物品の流通を補助する等、総て現場の適宜に依り、活動して奨励の術を施すの事務とす」と述べているように、輸出の活性化と輸入防遏を意図して、民業活性化を支援する組織であるとしている（『文書』九九七）。

さらに見込書（予算書）を参照すると、具体的な諸費として示された、富岡製糸場や堺製糸場、房総牧場、蚕種原紙売捌などの諸費は二〇万円にも満たないのに、勧業資本金（農工商諸職業を勧奨するの資本）として一〇〇万円、地方官への委託金（人口反別に応じ分配下付する）三〇万円を、いわば「つまみ」で計上している。使途が明確でもないのに一三〇万円もの金額を計上できるのは、まさに大久保の力といえるだろう。

このように、大久保政権期の経済政策への方向性は、「輸出入の不平均」に対する是正と国産奨励による「国家の富強」の二つであった。民業で可能なものは助成金によって実施し、民業では困難な事業は政府が創設するようにし、将来民営に移行するとしたのである。こうして民業を活性化し、国内の財（富）を蓄積することを新たな国家の第一歩にしたのである。

4　官営事業の具体策

明治六年一〇月の征韓論紛議から明治一一年五月の大久保の暗殺までが大久保政権期という。この時期に見られる勧業政策は、①農業技術に関する指導と試験、②模範工場の事業実施と運営、③貿易および運輸（海運）の改革の三つであった。③については次項以降で紹介することとし、本項では①②について紹介していくことにしよう。

内藤新宿試験場

内藤新宿試験場は、明治五年一〇月、民部省租税寮中の種芸課の所管として、現在の新宿御苑に設置された。園圃面積は三〇町歩前後で、明治七年一月、内務省勧業寮に所管を移し、農務課に所属した。三月には農務課を農学、編集、開墾、養蚕、樹芸、牧畜、本草、分析、虫学、種庫などの係に分け、四月には製茶掛を設けている。六月には試験場を勧業寮出張所に改めた。明治一〇年一月に勧業寮が廃止され勧農局が設置されると、出張所は再び試験場となっている。
具体的な業務について述べてみよう。まずは、植物を収集したり、その良否や効用を鑑別している。さらに耕耘の得失、培養の適否、害虫駆除の方法などを検討する。また、内外の農書を参考にしながら、実験結果を報告する。種子を海外から購入し、種庫に所蔵し、各府県の人々からの購入に応じ、有益な事業を発見すれば、勧業報告に挙げ、一般農事の進歩と種類の改良を実施するものであった。

植物栽培製造試験では、明治九年に外国種小麦を蒔き、良好な収穫を得ている。農産物では、桃李の砂糖漬を初めとして、以来、アスパラガス、トマト、牛肉、竹の子、七面鳥、鶏肉、牡蛎肉、鰮魚、その他を缶詰食料の腐敗試験を行っている。

明治七年一月以降、新宿の園中を区画して牧畜や養禽、養魚などを飼養育成し、改良に努力している。明治八年五月、清国に派遣して数百の驢羊を購入している。一一月に取香種畜場を開いた。また蜜蜂の育成も行っており、カリフォルニアからイタリアン種を購入したり、内国紀州産を飼養し、在来の方法を改良している。

人工育魚の方法は清国から見学し、学んでいる。明治九年、茨城県の那珂川沿岸で鮭の採卵、玉川上水の分流を利用して玉川に放流したり、全国各地の河川に輸送し放流している。

養蚕試験も、明治七年三月から始まった。全国各地から養蚕熟練者を招き、桑の品種や栽培法を確認している。八年一月に、場内の荒地一万二〇〇〇坪を蚕事学校建設地と桑園のために開墾した。

明治七年四月には製茶掛を設置し、茶樹栽培、紅茶、無色茶などの製法を研究し、海外の品評を求めて販路を開拓しようとしている。その後、明治一一年には、東京新宿試験場、静岡県横内街、福岡県星野村などに伝習所を開設している（土屋喬雄「大久保内務卿時代の殖産興業政策」）。

駒場農学校の設立

駒場農学校の前身は、明治七年四月に内藤新宿勧業寮農事試験場内に付設された農事修学場であった。農学教員と農業指導者を養成することを目的に、農学、農芸、化学、獣医などを学ぶと共に、農具の使用や馬耕、肥料などの実地演習の科目を設定していた。しかし、各地から生徒を募集するに当たり、運営的に不便であるとし、駒場野に移転することになったのである。

明治一一年一月二四日に開校しているが、その際、大久保は祝詞を述べている。それによると「此校を創建し、博く万国の実験を徴し、精く庶物の質性を究め、大に富民殖産の道を興隆せしめ玉うは実に生民の大幸にして、国家の洪福と謂うべきなり」「嗚呼我邦の農事をして駸々乎として日に開け月に進み、物産は益々繁殖に赴き民生は益々富饒に至らしめん」と（『文書』一六一五）、農業を中心とした殖産を意図し、それを通じて国富となることを目指したのである。

獣医学は解剖・原生の二科を教えていた。農学では、農学だけでなく、簿記法、牧畜法、牛酪・乾酪などの製造の要領を教示し、さらに農馬耕具の運用を教授している。化学では有機化学、手工形質分析などの実習など、農場では固有の農法と西洋の農法を教授している。この駒場農学校は、その後明治一九年七月二二日、東京山林学校と合併し、東京農林学校となり、明治二三年に東京帝国大学農科大学になっている。

三田育種場

明治一〇年九月、三田育種場が開場された。育種場内の面積は四万坪とも五万四〇〇〇坪ともいわれる。農事に関する一般的な事業だけでなく、種品の良否、樹芸の得失培養の利害、器械の便否など試験を実施し、さらに、牧畜を始めとして、樹芸、本草、養蚕など全国の農事の模範としている。

この三田育種場は新宿勧業寮試験場と共に大久保が熱心に奨励したところで、場長は前田正名であった。前田正名は明治七年に内務省勧業寮御用掛を命じられ、フランス公使館の産業取調に従事していた。パリ万国博覧会に参加し、各種農産品種子苗木など五〇〇〇円分を購入している。そして、勧業を積極的に実施し、貿易を盛んにするためにも、農商工業を改良発達させたのである。

大久保は、三田育種場に「精製改良」の四字を揮毫している。品質、声価を重視している大久保の姿がうかがえよう。また、フランス大博覧会に出品した農産品や園芸品、盆栽などの多くは三田育種場でなされたといわれる。

下総三里塚御料牧場

明治八年九月二五日から、大久保は牧場の視察として下総三里塚御料牧場一帯を視察している。三里塚は、牛馬だけでなく羊の育成も意図していた。そして、ここで育成、生産された羊を通じて、皮・毛・乳・肉などを利用できるようにしたのである。この下総の牧場は大久保が死去した翌年、明治一二年に開業することになる。

新町紡績所

大久保がフランス巡回中にリヨンにおける絹糸紡績工場を視察した際、原料の屑糸は日本から輸入していることを聞き、後に前田正名に「実に恥ずべきの至りならずや、将来是非我邦に於ても斯業を起さざるべからず」と述べたといわれる。

明治九年、絹糸紡績の必要性から屑糸、屑繭などの下等の廃棄物から上等な撚糸を製造する事業は急務であるとし、しかも紡績工場を国内に建設するということは、横浜での貿易相場にも影響し、輸出屑物の評判にも影響するとして、大久保が官営工場として群馬県に新町紡績工場を建築することにしたのである。

大久保は明治一〇年一〇月の開業式に列席している。これが国内の絹糸紡績所建設の嚆矢であった。その際、大久保は、同工場は将来民間に払い下げるので、工場器械などの費用は惜しまず、できるだけ堅牢精製するようにし、事務所は質素に設計するように指導したといわれる（『文書』一五七七参考其二）。

千住製絨所

千住製絨所は、本来、大久保は明治九年二月に創設しようとしていたが、西南戦争が勃発したことで延期した。毛織物の国内自給を目指し、その模範工場として建設したのがこの千住製絨所である。羊毛精製の官営工場で、下総牧羊場の開設と関連させながら、大久保が大倉喜八郎と協議して、軍用と国内需要を賄う目的で設立した。旧長州藩士井上省三をドイツの織物工場に派遣し、技術を学ばせると共に、外国人技師の雇用、紡毛機、精紡機、織機などを輸入したのである。内務省所管のもと羅紗製造所として発足し、明治一〇年七月に千住製絨所と改称し、初代所長に井上省三が任命された。

大久保の死後、明治一二年九月に操業を開始したが、この時、大久保による祝詞が紹介されている。

5　政商への期待

海運業の活性化を

日本は島国である。将来の有事を展望した時にも、海運の果す役割は大きい。明治五年、政府の補助金によって日本国郵便蒸気船会社が設立した。日本国郵便蒸気船会社は、回漕取扱所を母体とし、年貢米輸送を任されていた。これまで各藩が有していた所有汽船も貸し下げられている。それに対し、この日本国郵便蒸気船会社と共に広く汽船運漕を営んでいた企業は三菱会社である。明治三年閏一〇月、土佐藩が藩有汽船を基に設立した船会社を譲り受け、岩崎弥太郎により三川商会を設立した。その後、明治六年三月に三菱商会と改称し、東京―大阪間航路にも進出していた。

海運業の活性化を考える上で大久保が参考にしたのはイギリスであった。先の第3章において、大久保は同じ島国でありながら、イギリスの工業隆盛の背景には海運業があったことを紹介した。大久保は英国の成功は海運業を国内企業で独占することで輸入防遏と国内産業を育成したことにあると考えたのである。そのため、日本も島国であるという特性を踏まえつつ、海運業を充実させることで、国内の充実を図ったのである。そして大久保は明治八年五月一八日、海運の保護奨励に関する「商船管掌事務之儀に付伺」を三条実美に対して提出した（『文書』一〇〇六）。そこで大久保は海運保護政策として、三つの方策を提案している。①商船事務を自立したものとしてみなした場合で、制度として保護し民営に任せる方法、②十分自立されていないとみなした場合で、政府の指導の下、連合会社を組織し、政府所有の船舶などを与えるなどして強力に支援する方法、③とても自立する見込みがない場合は政府自ら営業する方法の三つを挙げ、それぞれについて、具体的な方策を指摘したのである。

その結果、七月一〇日に、①は現実的でなく、②③は有効だが、③は冗費を生じることで巨額の損失を生む可能性を指摘し、②の方法が有益であるという結論が出されたのである。

政商への期待——三菱による海運業の成立——

日本国郵便蒸気船会社について、大久保は「官に依頼の過度なる自立独行の志操無く、竟に成果の美を見る能わず」と述べているのに対し、三菱会社については、「三菱会社々長岩崎弥太郎儀は全く自立の業を営み、且名は社長と称するも、其実専ら自家の財力を以て之れに当り、又其業に忍耐なる稍其事に熟練致し候効験も有之者」なので、「此者をして大に之れに任じ可申事に有之候」と述べている(『文書』一〇二〇)。そして、組織形態も「同人一個の私に委するに無之、三菱会社の公業にして其社長たるの職にのみ任じ候次第に有之候」と、岩崎弥太郎は個人として任されたのではなく、三菱会社の公業の社長として任されたことを指摘している。こうして、郵便汽船三菱会社と名称変更すること、上海定期航路を始めとして、政府が所有している一三艘の汽船や日本国郵便蒸気船会社から取り上げる船を下げ渡すこと、内国航路など、一年を試験期間とし着手方法が記されたのである。こうして、三菱会社保護の方針は八月一〇日に決裁され、九月一五日、三菱に下付されることになったのである。

三菱会社を保護することになり、①東京丸を始めとした一三艘の汽船と郵便蒸気船会社から取り上げた船、および諸器械の無代価下げ渡し、②運航費として二五万円を助成金とすることなどが取り決められている。このように、大久保の海運業政策は、いわゆる民間の保護政策によって実施されたといえるだろう。それは、その前段階の井上財政期に見られるような、政府によって強力に監督干渉が行われる保護（鉄道、鉱山、工場）や経済政策と違って、企業の自律性にゆだねつつ、補助金を通じて強力に保護育成を行い、政策意図の実現を目指したのである。

つまり、補助金を支給することで、各船の船体・機械などの修繕掃除を始めとして、「運用の目途は上海定期の航海は従前の通据え置き、猶其好機を得ば、度数を増加可為致、内国寰海は東京大坂及び、伊勢四日市の間大坂長崎及び函館新潟の間は差向定期の航海を開き、徐次其外へ相及ぼし候事に有之候、即今郵便蒸気船会社へ約定致し置有之候、琉球藩への定期航海及貢米運送の約定、且横浜製鉄所共、其儘三菱会社へ引継可申事に有之候……」と、上海・内国定期航路の維持・積極的開拓、会計の月報表の提出、郵便物の取扱など、一七条にわたって求められたのである。

つまり、個別企業「私企業」でありながらも、資金の多くを国家助成金を与えることで、逆に公業としての要素を担い、諸々の規制を受けたのが政商であった。大久保は、公営（国営）による事業を期待せず、極力民間の力を期待した。そして、その期待を岩崎弥太郎に託したのである。

6　輸出入を均等化させるために――貿易政策――

品質改良・品質保証

明治八年一〇月、大久保は大隈重信と共に「輸出物品を以て外債消却の儀に付伺」を提出した(『文書』一〇四五)。征韓論紛議でも取り上げたことであるが、日本の外債の多くはイギリスに依存しており、その額は三四〇万ポンドに及んでいた。一年だけでも三七万ポンド(日本円で一八三万円)を支払わなければならず、多少の差額はあるが、毎年三〇年にわたって支出し続けなければならなかった。それによれば、国債寮準備運転資金の中から融通可能な資金を勧業寮へ付託し、適当な物品を集めて輸出することができれば、金貨輸出の一端を防ぎ、商業への活性化にもなるというのである。さらに、明治八年、大久保は「海外直売の基業を開くの議」を建議し、直貿易の推進を訴えている(『文書』一〇四六)。こうした内容は通商司政策でも同じ意図で実施されており、新しい提案とはいえないだろう。内務卿として大久保が建議しているという点で意味があるので、この点から見てみることにしよう。

日本の貿易が外国商人によって独占されていることは通商上の不利が大きいとし、「何の日か善く商権を挽回し、外商と対峙するを得べけんや」と、商権を回復し、外商と対等に取引できる策を講じるべきと述べている。こうした中、「皇国物産中蚕種生糸の二品は、従前海外に於て最も貴重せらるるものたるが故に、官夙に此に注意し、其濫造偽製の多きを憂え、之をして上好善良の場に登らしめんが為め、或は之が法則を立て、以て其粗悪を抑え、或は之が賞与を設けて以て其精巧を奨め、又富岡に製糸器械を建立して其職工の標準に供する等、其他百方保庇の術を盡すと雖も、動もすれば、外人の論議を来し、多くは之を中廃して遂に其目的を達する能わず」と、蚕種と生糸の二品が海外において重要物品でありながら、濫造偽製が多いことを政府は心配し、規則を設けて粗悪を抑え、賞与することで精巧にすることを奨励したのである。さらに富岡製糸工場を設立して、模範職工を育成しているが、十分になされたとは言い難い。

このことは、ニューヨーク副領事富田鉄之助が帰国した時の日本製品の評判でも同様であった。すなわち「我国産糸売買の景況は漸次盛隆に赴くの勢ありと雖ども、往々粗悪の品積混沌せるを以て、尚彼国民をして危疑の念を消解せしむる能わず、又我国製茶は彼国人之を無色茶と呼做し、既に波士敦に於ては全府一般に之を愛喜し……漸く其近傍に波及して終に各洲に伝播すべきの勢を成せり是他なし、近今支那産の茶濫悪の製品多きを以て、米国人民之を厭棄し、稍其所好を我国品に移せしの徴候なり、故に方今精良の糸茶を輸送し、以て米国人民の望に充たしめば、従前同国に於て、支那の占有せる利益を転じて之を我に領収するも亦難きに非ざるべしと」と、蚕糸に粗製品が混在していることで評判を落としたり、悪質な茶は忌避され良質な茶が望まれることが記されている。粗製品ではなく良質な製品を製造することができれば、ニューヨーク市場への参入は十分可能であると判断していたのである。

良品をより多く

明治七年、小野組が破産した。小野組は、政府の通商会社や為替会社に参加し、多額の官金を扱うと共に、蚕種の直輸出に関わり、各地で器械製糸業を営んでいた。しかし、官金への抵当が増額したことに対応し切れず倒産した。福島県域の白河、二本松、福島などの蚕種生糸の販売は小野組に多くを依存していたため、大打撃を受けている。

我が国の名産品である糸や茶にとって、声価（品質・評価）が盛衰の分かれ目であり、直接海外に廻漕販売し直売する権利を有した会社を組織し、居留外商からの籠絡を防ぎ、真価を通知することが大事であるとしていた。そして、大久保は濫造偽製の悪品は利益にならないことを述べている。

また、明治九年五月には、大久保は大蔵卿大隈重信と共に、貸付局と資本手形発行を建議している。すなわち、日本は関税自主権を有さないことから国内製品の保護が難しいこと、さらに金貨の本位が確定せず物資の高低が安定しないため、国内の貨幣が激減していた。その大きな課題が「輸出入相平均せざるにあり」という点であったのである。この「輸出入の不平均」の原因は、「産業起らず、物産多からず、工作巧ならざる」ということに求め、その遠因を「内国資用の財本に乏しく、人民薄利を以て其資金を得る能わざるに在り」としたのである（『文書』一一七一）。

結局、この建議案は採択されなかったが、貿易の不均衡と、そのための国内殖産が緊急な課題であった。

また、国内生産について、地道なところでは、諸官省需要品については「可相成内国産を以供用に充候様致度」と、国産品の使用を提案している（『文書』九九四）。

このように、大久保は輸出入を均衡化し、外債を償還するためにも、貿易奨励が重要であると考えていた。貿易奨励のあり方についても、国内産業の殖産や直接輸出の奨励などがあった。その中でも、増産を推奨するよりも品質の改良と安定（全てが良質な商品であること）が大事であるとしたのである。

7 奥羽には金持ちが沢山いる――東北巡幸――

巡幸の目的は各地の視察

明治九年五月から七月にかけて大久保は天皇の東北巡幸に随行した。随行したといっても、この時の大久保は巡幸の先駆けとして、事前に各地を回っている。その際、大久保は様々な名所も廻っているが、とりわけ地方官の希望に応じ、殖産事業が行われている地域に積極的に立ち寄っている。たとえば福島県では、半田銀山に行き、精巧な機械の運転を見学している。さらに、桑野村開墾事業に当たり、開墾資本二〇〇〇円を差し出した阿部茂兵衛などにも金銀杯を下賜している。

また、秋田、山形県域について「該地之如きは曠原荒蕪渺茫たる原野多しと雖も、亦養蚕産馬鉱坑等之如き、産出物も不少候間、運輸之便利を開き、一層力を勧業に盡し、其宜きを制するに至るときは、独り人民の羸利のみならず、幾分之御国力を増加する言を竢たず、利通於職務上尤企望仕候儀に付、当今物産の多寡を諮問将来着手之方法等各地之意見開申為仕……」と、荒涼とした原野に養蚕業、畜産業、鉱業などの可能性を見出し、輸送の便を図ることで、勧業の増進を目指したのである（『文書』一一八一）。

勧業資金融通への方策

さらに、奥羽地方では、豪農や豪商を説諭し、資金を貸与すれば、必ず三四カ所は製糸器械所を設立することを述べている。さらに、置賜県（現山形県）の豪農佐々木宇右衛門という人物は、自力で四二釜の製糸器械所を設立している。是非一度見て欲しいとの歎願があったので大久保は一覧したところ、二本松製糸場より規模が小さいものの、器械や工女の手練は少しも変わらないとしたのである。さらに、「奥羽には金持沢山に有之、是を運用為致候得ば、よほど之助けに相成可申候」とし、とりわけ酒田の「本間は奥羽中之信を得候間、先ず是を説伏せ候義第一に候」と松方正義に述べている（『文書』一一八三）。このように大久保は金銭の融通を推進することで経済発展が見込まれると判断した。さらに、岩倉に対しては「山川の便路を開鑿せば、富強の基は此地に可有之と奉存候」とか（『文書』一一八四）、「人事を極め地力を尽し化育を賛成せば、重畳たる山嶽も益あるべく」と「富強の基は此地に可有之」とまで述べている。このように、大久保は、明治九年の東北巡幸において、各地の製糸業者や織物業者を歩き、豪農や労農、豪商などを激励して回り、東北地方に発展の可能性を見出したのである。

東北巡幸から帰った大久保は、明治九年八月、三条実美に対して、陸羽地方への追加支援として勧業資金二〇万円を願い出ている。これは「御巡幸の後、民心感発の時に臨み、宜く勧奨の道を施すべきの一大好機」と、巡幸直後に支援することで、殖産興業の推進だけでなく巡幸自体の効果を期待している。そして、陸羽の様子について、「人民頑陋物産不興荒蕪原野は各地に連亘するも空く、獣蹄鳥跡に委し良産美品あるも渋滞して、僅に其一区に止り、実に不堪愛惜、然るに該地方を振起せしむるもの独民力のみの能くする処にあらず、到底官力を副えて勉励するにあらざれば能わず」と、民業といっても民間のみで独力で事業するのは難しいところを官が支援するとしたのである（『文書』一二一七）。

大久保が内務卿として実施した勧業政策は、試験場、育種場、種畜場や模範工場などを設けて欧米産業技術と輸入の普及に努めるだけでなく、地方官を通して在来産業の育成や開拓の事業の支援に至るまで多様だが、民業に対する官の側面支援というものだった。そして、内務省は勧業資金を地方に融通し、輸出物産や開拓事業の助成に宛てたのである。

このように大久保は、民業を官業と対置する概念として理解するのではなく、地方官を通じて地方の篤志家や豪農・豪商に働きかけ、上からの指導によって民業を活性化しようとしたのである。

安積原野開墾への可能性

明治一〇年九月二四日、福島県典事であった中條政恒が大久保に呼ばれている(『安積事業誌』立岩寧『大久保利通と安積開拓』)。この時、中條政恒は福島から上京している。ただ、西南戦争の最中であったため遠慮していたら、大久保の方から中條政恒を招き、「開成山のことを悪く云う者もいるが、この事業は国家のことでもあるし奮励するように」と励ました。

三日後、中條政恒は、安積疎水の事業について大久保の私邸を訪ねている。「安積疎水の事業が、延期され続けているが、そのままでは国事を将来まで見極めることができない」と述べると、大久保は「確かに安積疎水事業は延期されている。これは自身の不徳の至りである」と述べると共に「内乱も治まったので実効をあげるようにし、期待に応えたい。安積開殖疎水事業も近い内に詮議すること」と述べている。さらに、「自分一己の決心は飽迄必成の覚悟なり、万一朝廷御詮議なきに於ては、利通誓て尽力すべし、君、其、安心せよ、と言う」と述べたという。中條政恒はこの「安心せよ」の一言で迷いが霧散したという。

実際、大久保は明治一一年三月七日、「原野開墾之儀に付伺」を提出し、東北地方に士族を移住させる大規模な開墾事業計画を立案した。そして、各地を調査したところ、福島県下安積郡がよいとしたのである。それによると、「開墾好適の趣、只一の水利欠くも右原野の最寄猪苗代の湖水を疎通すれば、総て潅漑の見込も相立候得ば、此の地を東北荒蕪地移住開墾第一着となし」と、開墾の適地であり、問題でもあった水利については、猪苗代湖の水を利用すればよいとしたのである。

さらに「篤実の士族に限り相応の給貸を為し、移住開墾せしむるに於ては、即ち同族授産の聖意に叶い、所謂一挙両得に可有之」と（『文書』一六三三）、士族を移住させることで士族授産の趣旨にもかない、一石二鳥の事業としたのである。

明治一一年四月、安積郡内の原野四〇〇〇町歩余りを開墾することが決定された。そして、この地に士族二〇〇〇戸を移住させることを期待したのである。そして、この地を「標準雛形とも称すべし」と、開発のモデルにすべきことを述べている（『文書』一六七〇）。大久保は荒涼とした東北の広大な大地に無限の可能性を感じた。安積地方の開墾計画にその夢を実現しようとしたのである。

8　内国勧業博覧会の総裁として

明治九年二月、大久保は内国勧業博覧会の開催を建議した（『文書』一一一二）。この内国勧業博覧会は「万物を遺類なく、一場間に蒐集し、素性物は質の良否を調し、人工は巧拙を査し、識者之れを評論し、百工相見て互に自ら奮励し商売は販売交易の途を開く」というのを趣旨とした。

この時期日本は、明治八年のオーストラリア（豪州）のメルボルン博覧会、明治一〇年のアメリカ独立百年祭フィラデルフィア博覧会、そして明治一二年のパリ万国博覧会など多くの海外開催の博覧会にも参加している。

内国勧業博覧会の趣旨の一つとして、国内の特産品、とりわけ固有の工芸が「昔日精良なれども今日拙劣を致すもの少なからず」と、次第に衰退していることを指摘し、「有名産種の職工等破産の勢あり」と、職工などが困窮している様子を示している。この理由は、時代の変化や風俗の変化に応じて工芸も変化しなければいけないはずなのに、むやみに旧態依然の方法に固執し、衰退したと判断している。そして、①事実とは異なる噂に幻惑されてしまい、遅れてしまった薩摩の陶工、②一時の小利を得ようとして廉価の製品を製作し、声価を失った加賀の銅工、③時勢の変化に工芸が対応し切れなかった西陣の織工など、このような「三病」によって地場産業の八割から九割が、外国輸出が可能であるはずにも関らず、振わないとしたのである。

そして、「内国所有天産人工の物産を蒐集し、諸種の産地と其数量と性質の良否とを仔細に調査し、人工諸物は工の良否を審按して改むべきは之を改め、教べきは之を教へ、都て小を補うて大となし、拙を変じて良となし」と、一つの場所に物産を集中させ、良否を見極め改良する必要性を説いたのである。そして開催時期は、米国博覧会から帰国する事務官や、職工を待てば、そでの物品も、国内の出品を一堂に展示することで、内外から評価され、大いに勧奨の機会を得ることができるとしたのである。

こうして、明治一〇年二月一五日から六月一五日までの内国勧業博覧会の開催を提案したのである（実際は、八月二一日開催、一一月三〇日閉場）。

この内国勧業博覧会の開催に当たり、大久保自身が事務局総裁となり、松方正義が副総裁に、前島密は審査官長に任じられた。

明治一〇年八月二一日に東京上野公園において、第一回内国勧業博覧会が開催された。この時、大久保は祝詞を述べているが、そこでは「大に農工の技芸を奨励し、殊に智識開進を資け、貿易の宏図を介し、以て国家の殷富を致す」と述べている。地方土着の産業と新たな技術を結びつけようとしたのである（『文書』一五三九）。かくして、第一回内国勧業博覧会は、全国各地から出品者二万名、陳列品四万点、会期は一〇〇日を超え、観衆は四〇万人を超えている。

閉場式では「富国の源は励業に在り、殖産の本は勉力に生ず」と述べ、さらなる勉励を促し、一〇年後に再び博覧会を開催し、民業の活性化を期待したのである（『文書』一五九六）。

内国勧業博覧会は、以後明治三六年の大阪開催まで、五回にわたって行われた。この内国勧業博覧会を通じて、品質改良、技術革新、褒賞制度などが推進され、その方向で地方産業への活性化をもたらした。大久保の殖産精神は死後に花開く。

9　竹槍でドンと突き出す二分五厘——地租率軽減——

明治四年七月の廃藩置県のあと、中央政権としての明治政府は財政基盤の確立を目指して、地租改正事業に着手した。これまで農民が所有していた土地を所有権として認め、土地所有者に地券を公布することで、公定地価の三%を地租として課税したのである。ところが、萩の乱の鎮圧から三週間も経たない明治九年一一月二六日、茨城、三重、愛知県など各地で地租改正反対一揆が行われた。内務卿であり地租改正事務局総裁を務めた大久保は、この事態を重く受け止め、一二月二七日、地租軽減に関する建議書を提出した（『文書』一三四九）。

同建議書によれば、大久保は農業について「我邦は元来農を以て国を立つるを以て農民の力を養い、業に安んずる時は随て天下人心安じ、於是政府は何等の事を行うも暴逆無道を成すに非らざれは、令必ず行われ、効必ず成り、政治上の目的大に達して国の隆盛期して俟つべきなり」と、農業は国の基本であることを示している。その農業の現状について、「人智次第に開け、物産次第に起り、商業次第に盛んに、凡そ百事駸々乎として開明に赴き頗る国度の進むを見る」と、商業が次第に発展している様子がわかるが、「しかして独り農民に至ては不然、未だ其進歩を見ざるのみならず、政意も亦此に及ぶに暇なし、是を以て貧民は益衰え、富民は益頑」と、農民については進歩が見られないという理解があった。

これまで維新政府の事業を維持するために改正を繰り返しても租税額を変更していないという状態を踏まえ、「如何なる至良至美の法を用ゆるも、租額高き時は改租の本旨に反し、亦甚だ地租の真理に適せずして民力の富饒、国家の隆盛を期すこと甚だ遠きのみならず、目下亦彼の小民蜂起の害を現出す、畢竟国の損害を免れず」と、大久保は租税額が高い以上、改組の本旨とはなりえず、地租の真理なくして民力の富饒、国家の隆盛を期待できないとしたのである。そして、「来十年より地価百分の二の租額に減ぜらるる旨を布告し、先ず農民をして力を養い、業に安せしむべし」と、大久保は地租を地価の二％に軽減することを提案した。この地租軽減によって一五〇〇万円の減額を期待したのである。このように大久保は、不平士族に対しては、厳しい処置をとったが、農民に対する地租改正については、非常に柔軟な姿勢を見せている。

しかし、この大久保案は採択されなかった。同じ一五〇〇万円の減額分を地租率を一％軽減することで実行するのではなく、地租率を地価の三％から二・五％に下げるにとどめ、地方税（民費）の上限を地租の三分の一から五分の一に切り下げることにしたのである。明治一〇年一月四日に詔が発せられた。このことは「竹槍でドンと突き出す二分五厘」といわれた。

大久保の勧業政策は、大隈や井上の政策が鉄道、鉱山重視型であったのに対し、民業重視の政策であった。このため、大久保案では、地租軽減問題において、地租率を二％に減租し、地方税の民費を据え置くという提案であった。できるだけ、地方税を減税せず、地方の殖産化を推進しようとしたのである。しかし、地租率は二・五％にとどめ、その分、民費が半減されることになった。このため、地方税規則の整備が必要になったのである。

10　妥協でなく政策——士族の反乱と士族授産——

士族の反乱

明治九（一八七六）年一〇月二四日、敬神党（神風連）の乱が起きた。大久保は早速、三潴県庁に内務省から電報を送信している（『文書』一二四二）。内務卿として警保寮を掌握していた大久保の情報収集力は抜群であった。松田道之への報告を見ても、「熊本は其後再燃之模様も無之候得共、久留米、柳川、豊津其萌を顕わし、秋月は已に戦を始候趣、山口も必動くべしとの事に候、実に不容易形情も被察、猶断然の御処分無之候ては相済間鋪愚考候……」と、各地の動静をたちどころに把握している（『文書』一二四八）。さらに、佐々木高行、中島信行と会合し、高知で暴発のないように「可成予防出来候丈は手を盡し置度ものに御座候」と万全を期している（『文書』一二五二）。

この敬神党の乱に連動して、同月二七日秋月の乱（福岡県）、二八日には元参議であった前原一誠による萩の乱（山口県）などが起きた。いずれも数日で鎮圧している。この時、連動して鹿児島でも決起するのではないかという意見もあったが、大久保は西郷を信用していた。

明治九年一一月一七日、大山巌への書翰によると（『文書』一二九六）、「山口の賊もあえなく敗滅……」と萩の乱の鎮圧を伝えると共に、「鹿児島も此節は全く関係無之由、是は固より老西在り、名義と言事か兼て之持論なる上、人之後に立ち事を揚ると言様なる事は、誓って成さざる気質洞知候故、格別気遣いたし不申候」と、鹿児島は全く不動であるが、それは西郷がいるからだとしている。そして、西郷は名義を大事にする人物なので、人の後で決起するようなことはしない気質であるとしたのである。また、その後も「桐野始、西郷へ請候処、諾わず候故相治り候と之事に候事」と、桐野利秋らが決起を主張することがあっても、西郷が承諾しないことで、鎮静したこともあった（『文書』一三二二）。ただ、他方で「初発より平々凡々にては可相済行懸に無之、必如此の事故は可有之決定の訳故、今更可警にあらず候得共、聖慮所在は全国人民の安穏を保つより外に主とする処無之、就ては是非至当の条理を以鎮撫する処に着手すべし」と、鹿児島でも反乱の恐れがないわけではないので、監視と準備を怠らないことを述べている（『文書』一三四五）。大久保は、不平士族の不満を和らげるためにも士族授産の取り組みが必須としたのである。

士族授産の取り組み

明治一一年三月六日、大久保は内務卿として三条実美に対し、士族授産の施策を提出している。大久保は、「農は本邦の根基にして」としていながら、固有の農産物が廃れていることを危惧している。他方、華族・士族は恒産を有しているものは一〇〇〇人の中で二、三人に及ばず、多くは徒食放懶で不平士族を生んでいると理解していた。よって、「着実事業に服せんことを願う」とし、そして、授産局を内務省内に設置し、授産方法を華族士族に説明することで、「授産の方を設け、二族を誘い、開産の法を厚くして、農事を改良し、以て元気を旺盛ならしめ、国力を伸張せられんことを」と、農事改良をして元気を旺盛にし国力を伸ばす必要があることを述べている。

それによれば、地方官を通じて、開墾に適当な土地を選定し、官はその該当地を開墾するようにする。さらに、物流を活発にするため、①宮城県下野蒜港の開港、②新潟港の改修、③越後、上野運路の開鑿、④大谷川運河の開鑿（茨城県茨城郡北浦と涸沼の間を開鑿する）、⑤阿武隈川の改修、⑥阿賀川改修、⑦印旛沼より東京への運路、など東北諸州から水路など物流の便を整備するように意図していたのである（『文書』一六三二）。そのためには六〇〇〇万円もの事業費を必要としたのである。

大久保は、不平士族に対しては厳しい対応で臨んだが、他方、秩禄処分を進め、士族授産に努めている。政府起業公債の発行と、それに基づく資本投下が行われた。明治一一年三月一八日、大蔵卿大隈重信を通じて起業公債証書の発行を命じたのである。第一銀行と三井銀行を取扱銀行とし、額面金額五〇〇円、一〇〇円、五〇円の起業公債を、年六分の利子を付けて募集した。この起業公債に積極的に応募した華族や士族は、金利を得ることができたのである。そして、その起業公債を運用することで港湾や道路、鉄道などの建設資金に充てたのである。

大久保が暗殺される当日、大久保邸を訪問した山吉盛典が記した『済世遺言』を参照すると、山吉は大久保に対し、士族に対して華族・士族のみに起業公債を発行し特殊の保護を加えた上で、開墾する点について、「二族と雖、一般人民と異なるなし、二族独り厚きを加るは公平に非ず、宜く一般人民と同一ならしむべし、と」と、二族（華族・士族）であったとしても、人民であるはずで、平民と比較し公平でないと指摘し、それと比較して福島県下の若松士族は無禄無産で見るに忍びないと批判している。それに対し、大久保は謙虚に受け留め「然り」と回答している。ただ、「華士族の今日に至れるは、固より二族に罪あるに非ず」「時勢不得已に出て、尤可憫は二族に在り」と華族・士族が現在困窮していることは、彼ら自身に問題があるわけではないという見解を示し、特殊の保護の必要性を唱え、「理論に拘泥すべきに非ざる也」と、表面的な理想にのみ尊重すべきでないことを示している。さらに、海外諸国を見聞した上で、日本ほど「肥沃なる地味は絶て之れ無し、又奥羽地方の広原平野算するに遑あらず」と、日本の肥沃な大地に加えて、「無産の華士族あり」と、無産の華族や士族がいることが、東北地方（福島県下安積郡）の開墾を決意したとも述べている（『文書』一六七〇）。

大久保は、明治維新を推進する立場として、士族に対し厳しい対応を行った。けれども、明治維新後の士族について、大久保は「尤可憫は二族に在り」と述べているように、士族の困窮は認識していた。大久保はその打開策を旧体制に戻すような妥協ではなく、起業公債や開墾などへ積極的に参加するような仕組み作り（政策や制度作り）に腐心したのである（吉川秀造『士族授産の研究』有斐閣、一九三五年）。

11　薩摩との別れ——西南戦争——

このたびは破れに相違なく

明治一〇（一八七七）年一月三〇日、鹿児島の私学校の生徒が陸軍省の弾薬を強奪した。大久保はこのような事態に至っても「西郷においては此一挙に付ては万不同意、縦令一死を以てするとも不得止、雷同して江藤前原如き之同轍には決て出で申まじく候」と、西郷のことを信じている。しかし、西郷が関係していたとしたら「残念千万に候得共、実不得止それまで之事に断念仕外無御座候」と、残念ながら断念するしかないことを主張したのである。そして、「仮今西郷不同意にて説諭を加ゆるにしても、到底此度は破れに無相違候付、変に応ずる之手順相立候義最肝要に有之候」と、西郷が不同意であったとしても、もはや事態は定まったとし、戦闘準備を指示した。そして、「西郷は斃るるにもせよ、関せざるにもせよ、同県に有る日には全国其影響を及ぼし、一時天下は瓦解と見るより外なし」と、西郷が関わっていようがいまいが、鹿児島県の問題は全国に影響を及ぼすことであり、「一機を誤り候得ば、言うも忌々鋪候得共、皇国之安危存亡に可関は必然と存候」と、国家を揺るがすことにもなりかねないとし、「必勝之神算を計画し、其順序の手配追討之発令陸海軍出征配賦預しめ期定する処無之」と、準備を万全にし、確実に勝利する戦術をもって臨むことを述べている（『文書』一三八五）。

岩倉が三条実美と木戸孝允に宛てた書翰を見ると、この時の詳細が判明する。一月二三日、二四日ごろ私学校の人々が西郷のもとに集まり、「速やかに大挙」することを主張した。この時、西郷は「大に異論堂々正理を主張百方説諭」と、大挙することに対し反論した。しかし、私学校の人々は「承服不致」と、理解を得られなかったのである。さらに「仮令賊名を受るとも兵を挙るとの事にて」と、たとえ賊名を受けたとしても挙兵を主張したのである（『文書』一三九〇参考）。西郷はその場から去った。結局、この西郷の雲隠れが幸か不幸か、西郷が去った後、弾薬強奪は実行されることになる。

こうした事態に対し、大久保は「西郷なければ主戴するものは誰も無之、蜘蛛の子を散らすが如き形勢と被相察候」と、西郷がいなければ、叛乱はすぐに収束するであろうという認識を示している。だけど、「西郷何くにありても是を傍観して居候事は万々無之事と愚考仕候……」と、西郷のことであるので、何処にいたとしても傍観することはないだろうと述べている（『文書』一三八八）。

薩摩との決別

明治政府の軍隊は明治六年一月の徴兵令以来、着々と増強が図られ、明治一〇年の西南戦争の時までに正規軍五万二〇〇〇名余りの軍隊を要するにまで至っていた。熊本城で薩摩軍を迎え討つのは、台湾出兵にも参加し熊本鎮台司令長官であった谷干城である。

西郷を担いだ薩摩軍は、二月一五日に鹿児島を出発して北上し、熊本城を包囲した。政府は二月一九日に征討令を発し、二二日に博多に到着し南下した。他方、薩摩軍が天然の要害の地である田原坂を占領したのは、二月二六日のことである。この田原坂をめぐり政府軍と薩摩軍が激突するのが三月四日のことである。一七日間の激闘の末、政府軍が田原坂を突破した。四月一五日、薩摩軍は熊本城の包囲を解き、鹿児島へと撤退した。

とうとう、九月二四日、大久保は西郷などが戦死した報告を受けることになる。鹿児島の城山で、西郷隆盛を始めとして、桐野利秋、村田新八、別府晋介、桂久武、池之上四郎などの戦死が伝えられた。

その一人、桂久武は、大久保や西郷、小松帯刀などの陰に隠れてしまうが、薩摩藩家老として実直な人物として知られる。薩摩藩と長州藩の盟約に際して薩摩藩邸で木戸孝允をもてなしたのもこの人物である。慶応三年六月に大久保が倒幕挙兵を決意して、薩摩藩に軍艦と藩兵の派遣を要求した時、多くの門閥保守派の反対を押し切り藩論をまとめたのもこの人物であった。大久保が京都で藩論として主張し、諸藩との間で堂々と論陣を張ることができたのも、桂久武のような実直な人物が藩内をまとめていたからであった。約半年前の明治八年九月、大久保は五代友厚を通じて桂久武に「鹿児島の束縛は脱せられ候ても宜き時分にては無之哉」と述べ（『文書』一〇三四）、上京を促す書翰を出している。しかし桂久武は鹿児島の地を離れることはなかった。桂久武は、西郷に殉じたというよりも、薩摩に殉じたのである。

彼らのうち、西郷一人首が見つかっていないことも報告されている（『文書』一五五五）。共に死のうとし、信頼しあった二人がとうとう別れとなったのである。一年も経たないうちに自分自身が西郷を追いかけることになろうとは、思っていなかったであろう。

12　地方からの活性化——地方官会議の開催——

明治一一年四月一〇日から五月三日にかけて、伊藤博文を議長として第二回目の地方官会議が開催された。この地方官会議は、地方の実情に基づいた改革を実現するために計画されたもので、明治七年に初めて計画されたが、台湾派兵の状況下にあったため、中止した。初めての会議が開催されたのは明治八年のことであり、その時は地方警察、河川道路、地方民会のことが討議されている。

地方官会議に先立ち、大久保は地方制度改正案を提出した。いわゆる三新法と呼ばれるものである。三新法とは、郡区町村編制法と、府県会規則、地方税規則の三法のことで、明治一一年七月に公布された。よって大久保の死後のことである。

この三新法の内容は以下のようにまとめられる。郡区町村編制法とは、従来の大区小区制がなじまなかったことから、日本固有の習慣として存在する、郡、町村を再び行政単位として認め、市街地を区とするものである。郡には郡長、区には区長、町村には戸長を各一名置くことにしたのである。府県会規則は、新たに公選の地方議会の制を設けたものである。これは地租改正反対一揆や自由民権運動の展開の中で豪農や豪商の民会開設要求に応えたものであった。地方税規則は、地方費賦課法を定め、府県が徴収する税金を定め、地租の五分の一以内、営業税、雑種税、戸数割などが法定化された。地方費は府県会の議決によって決定することにしたのである。また、町村長は公選とし、町村会では予算を議論することにした。

また、府知事・県令は内務卿の指揮下に置かれ、府県会を監督する立場として解散権を始めとして様々な権利を有していた。また郡長も、内務卿と府知事・県令の指揮下に府県会を監督する体制が整えられていた。

このため地方官会議には多くの批判があった。伊藤博文は地方官会議について、行政上の諮問会であり地方官も民選でないとの批判をしている。この時、大久保は「成程理を以て之を論ずれば誠に伊藤の発議に同意すべき筈なるべし、否其の発議をも待たざる事なり……其の変則なるを知りつつも他日国会開設の事あらん、其の初歩起頭を作すに在るを見るべし、故に何となく其の議員は各其の府県地方を代表せしむるの意を含ませ、其の位置は元老院に対して下院とも謂うべき意を寓したる也……」と応えたという（前島密談話『文書』一六五八）。この時期の地方官の基本的性格は、牧民官的性格から行政官的性格への過渡期であった。大久保は、かかる認識のもと、現状にあった対応を行ったのである。

また地方官会議終了に際し、府県令を浜離宮に集め、「一般華士族授産伺幷規則方法概略」といわれる小冊子を配付し、当時大蔵卿である大隈から起業公債の説明をしたのち、大久保が殖産興業や士族授産のために起業公債を発行する趣旨を説明している。これについては、華士族に偏重しているとか、東北地方に偏っているなどという理由で、一般の賛同は得られていない。しかし、東北地方の荒地の開拓について、安積郡の開墾は、内国開墾の第一着手のものとして位置付けられるもので、後日のモデルとするつもりであるとし、内務省の事業であるが県庁に委任し、国と県が「協力同心」で事業をなすべきであると述べている（『文書』一六七〇）。たとえ反対があったとしても、決断した後は断固実行するのが大久保であった。

福島県令山吉盛典は、五月一四日、この地方官会議で提案された華士族授産に対し、各地方官の意見も含めつつ忌憚ない批判を加えたということは先に指摘した通りである（「妥協でなく政策」）。

地方の改革なくして、国家の殖産はありえない。地方の現状に照らしつつ、開墾を実施し、農業（または民業）を活性化する。そのために、資金、技術、技能の多面的支援を行う。こうした地方の活性化の担い手として、大久保は地方官に期待したのである。第二回地方官会議は、大久保にとって最後の大仕事となった。山吉が大久保邸を訪問したその日、大久保は暗殺される。地方制度の基礎となる三新法の成立を見ることなく、大久保はこの世を去ることになる。

13　国権の道は経済から

明治政府の課題——国権の強化——

明治政府は好むと好まざるとにかかわらず、幕府が背負った外国との不平等条約を引き継がざるを得なかった。不平等条約とは、相手国に協定関税、領事裁判権、最恵国待遇などを片務的に認めたものである。こうした不平等条約を回復するためには、国権を強める必要があった。そしてそれは、清国のような植民地にならずに自立した近代国家日本を展望する道でもあった。台湾出兵に伴う清国との談合では、大久保は「対話と軍事」という外交姿勢で臨んでいる。この時、軍事力を発動しなかった指標は、征韓論の時大久保が主張した民力休養ではなく、名義が立たなかったからであった。

この国権の強化は、維新政権に関わる多くの人々共通の認識でもあった。ただ、維新政権が展望する国家像や理想とする国家への道筋については人々それぞれの考えがあり、同床異夢である。

このため、多くの政争が行われることになる。また、多大な力を士族の反乱に振り向けなければいけなかったのである。

もちろん、大久保は士族の処置に対し、弾圧だけをしていたわけではない。国立銀行条例を改正し金禄公債の発行の受け入れを準備し、開墾事業などを推進し、士族授産を図ったのである。国立銀行の設立については、直接関与していないことから、特に取り上げなかったが、国立銀行が全国に設立することで、各地で金融活動を活性化し、経済の活性化を意図したのである。

このように、幕藩体制の解体の一方で、新たな制度を構築し、編成替えを推進したことも大久保の特徴といえるだろう。この点は、廃藩置県によって失われた藩に対し、地方官会議の実施（そして三新法の提案）など、地方制度の整備を強力に推進した面からもうかがえる。

この間、大久保は明治政府の大黒柱として政治を支え続けていた。洋行後、大久保政権といわれる中、明治政権の方向性が二つの姿になって示される。

官僚の登場

一つは近代的な官僚制への方向性である。中央に強固で指導力のある官僚を抱え込んだ点について注目したい。元来、大久保は朝廷の因循などを嫌い、公選制を望んだ。大久保は広く人材登用すべきであるという立場であった。

近世から近代への移行の過程で、身分制が解体し、徴兵制に基づく国民皆兵を実現した。これは、支配階級として存在していた武士の特権を失ったことと表裏の関係にあるだろう。この武士の身分として指摘できるのが、近世武士に存在していた行政の担い手であるという面である。この近世の段階で武士身分の行政の担い手として存在した要素（特権性というか役）は、近代明治国家では官僚にとって変えられた。この官僚の登場を支え、抱え込んだのが大久保であった。

幕末から廃藩置県に至るまで、大久保は岩倉具視とずっと二人三脚で活動してきた。そして、たとえ自身が不満な結果になろうとも、維新政権の中枢に居続けた。ただ、このことでは薩摩藩からの信頼を失うことになる。もちろん、明治政府には黒田清隆、西郷従道、森有礼、五代友厚、松方正義など薩摩藩出身の人材も多いが、それでも、西郷が征韓論で下野した時には、警保寮官員の一割以上に当たる一〇〇名以上もの官員が辞職し治安維持に影響を与えている。

大久保は、この藩閥に規定されない分、フレキシブルに人材を登用することができたし、逆にいえばそうせざるを得なかった。そして、それが藩閥、士族にこだわらず、官僚制へと編成替えの思想を容易にしたともいえるのである。

国権の強化は富国にあり

もう一つ、国権の強化に必要なのは富国化であるという認識に至った点である。洋行では産業革命後のイギリスの近代化に圧倒され、ドイツのビスマルクの講演に勇気付けられ帰国する。そこで見聞したものは、その後の大久保の活動に遺憾なく発揮された。薩英戦争の結果、大久保はイギリスの軍事力を強く認識したが、洋行を通じて、その背景に経済力があることを認識したのである。

大久保は国権を高めるためにも、国富こそが重要であると考え、殖産興業を推進する。洋行前、大久保は大蔵卿就任に躊躇し、当時設立が構想されていた中務大輔への就任を希望していた。井上馨の説得でようやく大蔵卿に就任したものの、岩倉遣外使節団の話が浮上すると、その参加を切望した。そんな大久保が、洋行後になると、内務卿に就任し、殖産興業の推進に向け辣腕をふるうことになる。

以来、大久保は参議だけでなく内務卿を兼務し、死去するまで、大久保政権、大久保独裁などといわれた。有司専制と揶揄されるように、大久保は多大な権限や権力を有していた。事実、征台の役に際する西郷従道への対応、北京における清国との談合、そして、佐賀の乱の臨機処分権など、多面的な側面で強大な権限を有していたのである。

他方、洋行後大久保が最も推進しようとしたのが殖産興業であった。明治政府における大久保自身の多忙な立場が、殖産興業の推進を遅らせたことは確かだが、この大久保を支え、事業の実施を実質的に担ったのが官僚であった。この点、大久保の経済構想に向けた認識として三つの点が挙げられよう。

一つは、大久保にとっての近代化は表面的な開化政策を推進することではなかった。これは大久保自身の性格にもよるのだろうが、お雇い外国人は自身の関心だけで技術を試験し、表層的な技術を移転しているだけと、厳しく批判している。それでは、西欧からの技術移転はなかったかといえばそうではない。大久保にとっての洋行の成果は、日本にとって求められるのはより実質的な技術移転であるという認識に至ったことと、他国の政策基調を理解した上での日本の実情に沿った経済政策や国家像の援用であった。たとえば、フランスのリヨンで絹糸紡績所を見学した際、日本から屑糸を輸入していることを聞き、大久保は紡績工場建設を指示している。国内経済の実態に適合した技術移転、産業育成を目指したのである。また、イギリスを回覧して、同一島国である点に着目して海運の重要性を学び、海運業の発展を目論んでいる。その際、公営による事業に期待せず、国家助成金を与えながら私企業＝三菱会社を保護している。いわゆる民間でありながら国益を担う政商を育成することにしたのである。このように、大久保は表層だけではない、内実の伴った殖産興業政策を推進したのである。

二つ目は、輸出入不均衡という現状を踏まえた、輸入防遏と輸出奨励である。輸入防遏の場合、千住製絨所や紡績工場建設などの官営工場設立がその一貫といえるだろう。この場合の官営工場建設は民間では実施が難しく、かつ国内の必需品の部門に対する工場建設であった。また他方で、在来品の中でも輸出可能なものを推奨している。とりわけ製品そのものについて言及し、茶や糸など輸出品において、単に増産を指導するのではなく、「声価（品質・評価）」こそが重要であるとし、濫造偽製は、全ての製品に影響を及ぼすものとしている。

三つ目は、民業奨励である。ただし、大久保の民業奨励政策は由利財政時に行われたような太政官札の「バラマキ」ではなかった。地方官を通じてできるだけ地元の老農や豪農などを活用しながら、特産品など民業を推進するものであった。東北地方の巡幸では、積極的に各地の老農や豪農などと会い、そこでの殖産事業を見学している。ただし、ここで注意しておきたいのは、大久保は民に対して絶大な信頼や期待を寄せていたわけではない。「立憲政体の意見書」を参照しても人民のことを「無気無力」と評価しており、民だけの自律的な能力を期待していたわけではなかった。だからこそ、不平士族の反乱には厳しかったが、地租率軽減運動に対しては積極的だったのである。

こうした民業を奨励する上で重要な方向付けを官が行った。すなわち、地方の勧業を下支えする意味で、駒場農学校や三田育種場を開設し、品質改良や殖産、害虫駆除の研究などが多面的になされたのである。民業の担い手は民であることは当然であるが、官はその方向性を示しながら側面で支えたのである。全国各地の物産を取り揃え、表彰した内国勧業博覧会の開催もその一環といえるだろう。物品生産を奨励し、輸出可能にするためにはどうあるべきか、という官の方向性を表彰を通じて示したのである。このように事業を推進するにあたり、官が主導し、民業への方向付けを示しつつ民業を奨励したのである。

おわりに――大久保の遺志――

以上、大久保利通の半生を追いかけてきた。最後に、大久保の半生について、その思想的変化を振り返っておこう。大久保の半生は大きく分けて三つの時期に分けることができるだろう。以下、この三つの時期に分け、紹介していくことにしたい。

大久保の一つ目の到達点――公武合体――

一つは、大久保は加治屋町の下級武士の一人として生まれた。藩政に影響力を持つことができない大久保にとって、精忠組は、天下に対して個人が意見を言う場面として考えていたのである。中央政界で活躍していた薩摩藩主故斉彬を敬愛していた大久保は、精忠組の中心的な役割を担いつつ、桜田門外の変を鹿児島の地でバックアップしたのである。その意味で、当初は急進的な尊王運動を支持していたといえるだろう。

久光が薩摩藩の国父として登場し、故斉彬の遺志を継ぐことが確認されると、大久保は全藩的な尊王運動へと転換する。この方針転換により、大久保は組織の一員として行動するようになる。結果、桜田門外の変での有村雄助を見捨てることにもなった。さらに西郷の突出に対する島流しを容認し、寺田屋騒動でも仲間と対立することになる。しかし、大久保は藩に迎合していただけではなかった。組織人とは、組織の歯車として行動するだけでなく、組織を通じて大きな事を成し遂げようとする人のこととも言えるだろう。大久保は、大久保なりに故斉彬の遺志を貫こうとしていたのである。それは、幕府および雄藩と、朝廷との連携による公武合体論を達成することであった。よって、長州藩が主張していたような、急進的な尊王攘夷運動とは一線を画するものであった。その意味では、大久保の達成への方法は変化したが、思想が変化したわけではなかった。

大久保の目指していた故斉彬の遺志は、文久二年の久光の上洛と江戸入りによって実現する。一橋慶喜を将軍後見職に、越前藩主松平春嶽を政事総裁職に任じられたのである。大久保にとって、この時が一つの到達点といえるだろう。大久保は、斉彬の遺志を継ぎ、実現に向けて最大限のことを行った。大久保は、政治体制を公武合体（朝廷と幕府・雄藩）に求め期待し、行動したのである。

大久保の二つ目の到達点――倒幕――

大久保は、新たな政治体制を公武合体の実現によって期待したが、幕府における公武合体の考え（幕府と朝廷）との間に齟齬が見られ、結局失望する。実際、独善的な幕府の姿勢や、結果としてうまくいかない賢公会議などに失望を募らせる。そして、第二次長州戦争が実行されるに及び、次の目標として倒幕を考えるようになったのである。

大久保の考える倒幕は、幕藩体制の解体であり、天皇親政であった。幕藩体制の解体は、結果として版籍奉還、廃藩置県、身分制の廃止といった改革にもつながった。結果、旧体制の打破と新たな体制への模索を必要とした。地方官会議の開催、三新法の制定、官僚の登場など編成替えを推進することになったのである。

大久保の三つ目の到達点と課題——編成替えの推進と反動への対応——

大久保は、洋行後、地租改正反対運動と不平士族の反乱に対応せざるを得なかった。地租改正反対運動に対しては地租率軽減によって対応するが、士族の反乱に対しては、徹底的に弾圧した。そして、明治一〇年の西南戦争で士族の武力的な反乱は一応収束することになる。もちろん、士族の不満になんら応えなかったわけではない。士族授産事業を推進し、できるだけ対応するように心がけている。洋行後の大久保は「内変外事相継で起り、其事に奔走」と、維新政府の動揺に対する鎮静化に奔走することになる（『文書』一〇〇九）。

大久保が暗殺されずにもう少し長生きしていれば、西南戦争が一つの区切りとなるのだろう。しかし、西南戦争が収束した翌年に大久保自身が暗殺されてしまう。その意味では、大久保が他方で推進した殖産興業が忘れられてしまう。

洋行後、大久保が最も推進すべきと認識していたのは強い国家になることであり、国家の自立であった。そのために求められたのは、富国化であった。それは、大久保が遣外使節に参加し、産業革命後のイギリスを見、新興国ドイツを展望することで、近代日本を目指すに当り、富国化こそが大事という認識に至ったのである。それが、大久保の殖産興業政策の根底にあるといってよいだろう。この大久保が実施した殖産興業政策のつぼみは、大久保の死後に花開く。

大久保の遺志——官主導による民業奨励へ——

大久保の殖産興業の政策基調は、「内治を整え、力を根基に尽して体裁の虚文を講せず、奇功を外事に求めず、民産を厚殖し民業を振励することにあり」と、述べているように、単なる表面的な欧化ではなく、「本根の実力を養い」といわれる、内実を持った近代化であった（『文書』一〇〇九）。

具体的には、地租改正と秩禄処分を通じて財政的基盤を得、民間産業育成に力を注いだ。さらに鉄道建設を縮小し、釜石鉱山や三池炭坑の本格採炭がなされている。

最後に、民業奨励を単に民業の自立性に依存したわけではなく、官主導の民業奨励と評価した点について述べておこう。ある意味、政府が行い得る民業奨励のあり方は多様である。明治初年に由利公正が実施した太政官札の発行は、大量に発行し、地方に勧業資金としてばらまいたものであった。新たな資金を導入して、国産品の奨励を図ったのである。もちろん、由利財政は大量に紙幣を発行しただけで、失敗に終わっている。しかし、こうした資金支援による民業活性策も民業奨励といえばそうともいえるだろう。しかし大久保はそのような手法をとっていない。

大久保の行った取り組みは、①内国勧業博覧会の開催、②品種改良等、生産活動に間接的に寄与する公益事業の推進、③官営工場の開設、④政商（官の意思を民が委託や補助金で実施）の創出、の四つが挙げられる。これらの取り組みは、民業を自由奔放に推進するのではなく、官（官業ではない）が一定の方向性を示しながら（国家のあり方や経済のあり方を舵取りしながら）、経済政策を推進させた点に特徴があるといえるだろう。大久保は民を「無気無力な人民」と認識していればこそ、官の役割が重要であったのである。

たとえば、内国勧業博覧会では表彰制度を行うが、審査基準を明確にすることで、各勧業政策の方向性を示している。また、内藤新宿試験場や駒場農学校、三田育種場などを開設することで、公益事業を推進している。このように、大久保の民業奨励は、官が主導しながら実施したものであった。そして、他国のモデルに学びながらも模倣するのではなく、日本独自の殖産興業を推進しようとしたところに特質を見出すことができるのである。

しばしば近代化論を考える時、「上からの近代化」「下からの近代化」などといわれる。しかし、大久保の目指した近代化はそのような単純なものではない、官民両方が連携しながら実施しようとしたものであった。そして、この「官の主導」を担ったのが、大久保のもと育てられた官僚だった。官僚が経済政策を牽引すること、これをもって「行政の根軸とする」、これが大久保の遺志であった。

この官主導による経済活動の推進は、以来、様々な場面で実施され現在に至る。大久保の遺志は今も引き継がれているのである。

あとがき

今回、大久保利通を執筆するに当たり、『大久保利通文書』と『大久保利通日記』を丹念に読んだ。幕末維新研究の貴重な成果も多く、それらの成果から多くを学ばせていただいた。参考文献にも紹介したが、それ以外にも多くの成果を利用している。深甚より感謝申し上げたい。

実は、大久保利通を執筆することは想像以上のことであった。本書刊行に際し、研究会での報告を必要としたのだが、そのときには、まだ今回導き出したような結論には至っていなかった。大久保は幅広く殖産興業を推進したことはたしかだが、そのことを経済思想として規定するためには、根底にある行動基調も理解しなければならなかったのである。

大久保が実施した殖産興業に対する評価も、安藤哲氏が指摘するように、内国勧業博覧会の実施や老農を通じた在来産業や農業重視の取り組みは民業奨励として評価できるだろう。しかし、その場合、同時期積極的に推奨した、海運振興策による政商の育成や、新町紡績所の建設などの官業政策について説明することができなくなる。富岡製糸場など勧業資金の投下額も決して少なくはない。

由利公正や松方正義のような財政政策、大隈重信の開化政策のように、取り組みが明快ならば、良かれ悪しかれ、その思想を探ることは容易である。しかし、大久保は、ある意味、なんでもやっているという印象なのである。

また、大久保という人物を探る場合、幕末から維新期の活躍は目覚しい。ただ、それは剛腕ともいえる、「論客」であり「政事家」としての側面である。とても思想をもって経済政策を展開した人物とは言い難い。大久保が洋行する前に、民蔵分離を推進し、大蔵卿に就任しているが、この時の取り組みも政治抗争の印象が強く残るものであり、その意味では幕末からの「論客」「政事家」の延長として捉えられ、大久保の経済思想として見通すことは難しい。現に、大久保は大蔵卿に就任することに悩んでおり、就任しても、洋行の話が出るや、すぐに洋行を熱望したのである。

洋行後、大久保の「人品が変わった」ことはしばしば指摘されることである。殖産興業を推進したことはわかるが、その成果が出るのは大久保の死後のことである。当時は征韓論から西南戦争に至るまでの士族反乱の鎮圧、そして清国との談合などに力を注いでいた。

だから大久保について、様々なことを現実的に推進する「リアリスト」という評価は説得力がある。ただ、その評価では大久保について政策者として思想が無いことを指摘するものであり、大久保の思想性を見出したとはいえないだろう。とりわけ、経済思想の観点からは程遠い。

原稿締め切り後も、このことはずっと悩み続けた。色々な文献を読んだがわからなかった。結局、その解決を与えてくれたのが史料だった。引用史料の点検をしながら史料を読み返していた。

すると、殖産興業がうまくいかない理由について、政府政官が人民との間の「提携誘導の力足らざるの致す処なり」と指摘している箇所を見つけた。大久保が官僚制を整備した人物であることは知られているが、私にはこの要素と殖産興業とは結びつけることができないでいた。官僚制の問題は政治の枠組みの問題であり、経済とは直接関係ないと思っていたのである。よって、大久保の経済思想に直接関係あるとは思えなかったのである。

ところが、この大久保の取り組みを官僚＝官を背景にしていると考えると、全てが氷解した。官業政策や政商を育てることになる海運育成策も官が主導したものとして考えられるし、民業奨励も民間に全てを依存するのではなく、官の指導を前提に遂行されている。そして、それこそが現在に至るまで続く日本の礎を築いた要素といえるだろう。政治・経済を支える官僚は近代以降現在に至るまで貨幣制度や金融システム、貿易・為替政策、勧業政策、欧化政策……様々な場面で黒子として登場する。「人間を通じて経済政策の意思を遂行する」大久保らしい取り組みであると思われた。やはり、最後のヒントは史料にあった。

本書は啓蒙書である。しかし、多くの史料を本文中に引用した。カタカナなどを平仮名に直し、濁音、読点を加え、現代仮名遣いに直すなど、若干読みやすいように配慮したが、大幅な変更はしていない。読みづらいと思うかもしれないが、その場合は飛ばして読んで欲しい。大久保は当時のことを大久保自身の独特な、そして適切な表現で述べている。ナマの史料から、「大久保の声」を読み取って欲しい。

大久保利通という人物は、どうしても印象で語られることが多いようだ。西郷との比較から冷徹な人間として表現されたり、明治維新の基礎を築いたことから才智溢れる人物として取り上げられる。しかし、史料から見る大久保は、真面目で頑固一徹な人物である。決して器用な性格ではないようだ。派手さもなく、地方想いなので孤立することも多かったようである。確かに組織の中で行動するので、自身の意思を貫徹できないこともあるが、その中で誠心誠意生きている。それが大久保利通なのだろう。大久保は、日本の行く末を官僚に託したのだ。現在、官僚主導の政治は、批判の対象にさらされている。大久保は官僚について以下の様に期待している。ここだけは意訳で書かせていただく。「責任ある者（官僚）は、検討を尽くし、工業物産の利から水陸運輸の便に至るまで、すべて人民保護に関係するものは、国の風土や習俗に応じつつ、民の性情、智識に従って、その方法を制定する。これを行政上の根軸とする」と述べている（史料は一八〇頁を参照して欲しい）。官僚主導の経済政策、これが行政の根軸であるのだ。

戦後民主主義も六〇年を過ぎた。民も充分成長した。だから、官僚制は時代の遺物になっていると判断するのならば、解体するのも良いだろう。ただ、官僚制に意味があり、制度を残そうと考えるのであれば、ぜひ、大久保の官僚制への思いを原点に据え、これからの国家の難局を切り拓いて欲しい。当時の官僚は、現在のような優れた事務官ではなく、誇り高き国家の頭脳であった。

史料を読み進めていくうちに大久保の魅力にいつの間にか取り憑かれてしまった。このような機会を与えてくれた日本経済思想史研究会、そして日本経済評論社に深甚より感謝申し上げたい。

大久保利通年譜

元号（西暦）	年齢	事項
天保元（一八三〇）年	一	八月一〇日　薩摩藩士大久保利世の長男として生まれる。
弘化三（一八四六）年	一七	薩摩藩記録所書役助（書記補）。
嘉永三（一八五〇）年	二一	四月八日　父利世、高崎崩れ（藩主斉興の跡継ぎをめぐる御家騒動）に連座し、沖永良部島に流される。自身も免職。
嘉永六（一八五三）年	二四	五月　記録所に復帰、藩記録所蔵役に就任。 六月三日　東インド艦隊司令長官ペリー浦賀へ来航。
安政四（一八五七）年	二八	一一月　大久保、西郷隆盛と共に徒目付。 一二月　早崎満寿子と結婚。
安政六（一八五九）年	三〇	一一月　精忠組のリーダーとして脱藩計画。藩主島津茂久の諭告により中止。
万延元（一八六〇）年	三一	三月三日　桜田門外の変、井伊直弼暗殺。 三月一一日　大久保、初めて島津久光と面会。
文久元（一八六一）年	三二	一一月　大久保、小納戸となり、藩政に参画。
文久二（一八六二）年	三三	一月一三日　大久保、初めて上洛する。近衛父子に謁見し、久光上京の意志を伝える。一五日　坂下門外の変。 三月一六日　久光、小松帯刀を始め千余人を率いて東上。 四月　西郷の無断の東上について久光許さず。西郷帰藩。

		四月二三日　寺田屋騒動（有馬新七など斬殺される）。 五月二〇日　大久保、小納戸頭取。 六月七日　久光一行、江戸に到着。 八月二一日　久光一行江戸を発する。この日、生麦事件。 一二月　久光の命（将軍の上洛延期）を受け、吉井友実と共に再び東上。
文久三（一八六三）年	三四	一月三日　江戸に到着し、松平春嶽・山内容堂と謁見。将軍上洛延期を建言する。二月、帰途、大坂より海上暴風雨に遭う。命拾い。 二月一〇日　側役、小納戸頭取兼任となる。 七月二日　薩英戦争。 八月一八日　八月一八日の政変。三条実美など七卿、長州藩と共に退けられる。薩摩・会津藩、京都を警衛。
元治元（一八六四）年	三五	七月一八日　蛤御門の変。
慶応元（一八六五）年	三六	五月二一日　鹿児島を発して東上、長州再征反対運動を展開。 九月二一日　長州再征勅許。
慶応二（一八六六）年	三七	一月　薩長盟約成立。 一二月五日　慶喜将軍就任。二五日　孝明天皇死去。
慶応三（一八六七）年	三八	九月一七日　大山綱良と共に山口に行く。長州藩主父子と謁見、王政復古の決行、挙兵に関する盟約書を提出。 一〇月一四日　正親町三条実愛より討幕の密勅を得る。徳川慶喜、大政奉還を上表、二四日　将軍職辞表。 一〇月一七日　小松、西郷と、長州藩広沢などと共に京都を出発。二

		二日　三田尻寄港。二六日　帰藩、久光・忠義と謁見。密勅降下を告げ、王政復古を建議。 一一月一〇日　鹿児島を発し、一二日　高知に寄る。山内容堂の上京を促し、一五日　入京。 一二月九日　王政復古の大号令を発する。小御所会議。一二日　西郷・岩下と共に参与。
慶応四（一八六八）年	三九	一月三日　鳥羽伏見の戦い。六日　征討大将軍仁和寺宮により大久保を軍事参謀、八日　辞退。一七日　大久保、徴士、内国事務掛となる。三職七科の官制を発布。一九日　大坂遷都を建議。 三月一四日　五か条の誓文が発布。 四月九日　明治天皇と謁見。 九月一八日　木戸孝允と版籍奉還を協議
明治二（一八六九）年	四〇	一月二九日　勅使柳原前光を薩摩藩に派遣し島津久光を招聘。三〇日　大久保勅使随行を命じられる。 五月一三日　官吏公選で最高得票で参与。 六月一七日　版籍奉還実施。 七月八日　官制改革、大久保、木戸と共に待詔院学士。二三日　大久保、参議。この月「定大目的」「政令一途」「機事要密」の三事を、三条、岩倉に建言。 八月一〇日　大久保の建議に基づき大臣・納言・参議連署で四か条誓約。
明治三（一八七〇）年	四一	一月　島津久光に政府協力を依頼するが失敗。

七月一〇日　民部省と大蔵省の分離が発令。民部省御用掛。一七日
大久保暗殺計画の噂。

明治四（一八七一）年　四二

二月一三日　親兵編成を決定。
六月二五日　大久保、参議を辞任、この日、西郷隆盛、木戸孝允参議就任。二七日　大蔵卿（〜六年一〇月）。
一〇月八日　岩倉使節団の特命全権副使。
一一月一二日　岩倉使節団として横浜を出発（〜六年五月）。
一二月六日　サンフランシスコ着。

明治五（一八七二）年　四三

二月一二日　条約改正全権委任状請求のため一時帰国。
六月二八日　ボストンに到着。
七月一四日　イギリスロンドン到着。
一一月一六日　フランスパリに到着。

明治六（一八七三）年　四四

一月一九日　大久保、木戸孝允召還命令。
三月九日　ドイツベルリンに到着する。一五日　ビスマルク、大使一行を官邸に招待。
五月二六日　使節団から外れ早目に帰国、横浜到着。
八月　暑中休暇、箱根や富士山登山を試みる。その後、関西旅行。
九月一三日　岩倉使節団帰国。二六日　参議就任要請を辞退。
一〇月一二日　参議（〜一一年五月）。一四日　閣議で西郷隆盛の朝鮮使節派遣に反対。一七日　参議の辞表を提出。
一〇月二四日　天皇が西郷朝鮮使節派遣延期の裁断を下し、大久保の

明治七（一八七四）年	四五	辞表は却下。逆に西郷隆盛辞職。二五日　板垣退助、江藤新平、副島種臣、後藤象二郎辞職。 一一月一〇日　内務省を設置。一一月　立憲政体に関する意見書を提出。二九日　内務卿（参議兼任）。 一月一四日　岩倉具視、襲撃される（赤坂喰違の変）。一七日　板垣退助などにより民撰議院設立建白書を提出。二六日　朝鮮問題、台湾蕃地問題調査委員。 二月六日　大隈とともに『台湾蕃地処分要略』『朝鮮遣使に関する取調書』を提出。一〇日　佐賀の乱鎮圧の「臨機処分権」全権を委任。 五月二日　西郷従道、独断で台湾出兵強行。翌日大久保、長崎に到着。 七月三日　蕃地処分に関する意見書を三条実美に提出。八日　清国との開戦を決議。 八月一日　大久保、清国との全権弁理大臣として清国派遣。（〜七年一一月）。 九月一〇日　北京に到着。一四日　清国との交渉を開始。 一一月二七日　東京へ戻る。
明治八（一八七五）年	四六	二月　大久保、大阪で、木戸・板垣と会談（大阪会議）。 二月　内国勧業博覧会開催を建議する。上州新町屑糸紡績所を設置することを決める。
明治九（一八七六）年	四七	四月一九日　天皇、大久保邸に行幸。 五〜七月　東北地方巡幸の先発として視察。

		八月五日　金禄公債証書発行条例。 九月　千住に製絨所創設の議を上申（一二年九月　竣工、開業）。深川に民営新燧社創立。 一〇月二八日　萩の乱。 一二月二七日　地租軽減の議を建議。
明治一〇（一八七七）年	四八	一月三〇日　西南戦争勃発。 五月二六日　木戸孝允死去。 八月二一日　第一回内国勧業博覧会を開催（一一月三〇日　閉場）。 九月二四日　西郷隆盛自決、その後、西郷の伝記を編纂することを重野安繹に委嘱。 一〇月二〇日　上州新町屑糸紡績工場の開業式に臨場。
明治一一（一八七八）年	四九	一月二四日　駒場農学校開校式に臨幸、賞典禄全部を農学校に寄付。 二月七日　大隈大蔵卿、伊藤工部卿と共に新たに建設の千住羅紗器械所を見分。 三月六日　士族授産と殖産資本金を建議。 四月一〇日　地方官会議開催（五月三日まで）、統一的地方制度（三新法＝郡区町村編制法、府県会規則、地方税規則）を建議。 五月一四日　紀尾井町清水谷で島田一郎らに暗殺される。

＊『大久保利通文書10』、佐々木克監修『大久保利通』（講談社学術文庫）等参照。

主要参考文献

『大久保利通文書1～10』（一九六七～六九）（日本史籍協会叢書28～37、東京大学出版会）
『大久保利通日記1・2』（一九六九）（日本史籍協会叢書26～27、東京大学出版会）
『大久保利通関係文書1～5』（一九六五～七一）（立教大学日本史研究室、吉川弘文館）
『維新史料綱要』（なお、同史料については、東京大学史料編纂所データーベース「維新史料綱要データーベース」を利用させていただいた）
久米邦武編（一九七七～八二）『特命全権大使　米欧回覧実記㈠～㈤』岩波文庫
佐々木克監修（二〇〇四）『大久保利通』（講談社学術文庫）
笠原英彦（二〇〇五）『大久保利通』（吉川弘文館）
佐々木克（一九九八）『大久保利通と明治維新』（吉川弘文館）
遠矢浩規（一九八六）『利通暗殺――紀尾井町事件の基礎的研究――』（行人社）
勝田孫彌（一九二八）『甲東逸話』（冨山房）
勝田孫彌（一九一〇～一一）『大久保利通伝　上中下』（同文館）
松原致遠編（一九一二）『大久保利通』（新潮社）
渡辺修二郎編著（一九〇九）『大久保利通言行録』
徳富猪一郎（一九二七）『大久保甲東先生』（民友社）
宮野澄（一九九〇）『大久保利通』（ＰＨＰ研究所）
毛利敏彦（一九六九）『大久保利通』（中公新書）
佐々木克（二〇〇四）『幕末政治と薩摩藩』（吉川弘文館）
勝田政治（二〇〇三）『〈政事家〉大久保利通』（講談社）

清沢洌（一九四二）『外政家としての大久保利通』（中央公論社）
猪飼隆明（二〇〇五）「明治維新と有司専制の成立」（『待兼山論叢』三九）
松尾正人（二〇〇一）『廃藩置県の研究』吉川弘文館
遠山茂樹（一九六四）「大久保利通」（『遠山茂樹著作集』第二巻、岩波書店、一九九二年）
遠山茂樹（一九五九）「有司専制の成立」（『遠山茂樹著作集』第二巻、岩波書店、一九九二年）
遠山茂樹（一九六五）「岩倉具視と大久保利通」（大久保利謙編『明治政府　その実力者たち』人物往来社）
服部之総（一九四六）「維新史のしっぽ」（『服部之総全集』第一〇巻、福村出版、一九七四年）
鈴江幸次郎（一九二五）『明治維新建設史』（国風会出版部）
辻岡正己（一九八八）「大久保利通の『富強化』構想序説」（『広島経済大学創立二十周年記念論文集』）
黒田信二（二〇〇一）「大久保利通の政治体制構想とその展開」（『史学研究』231）
藤田正（一九九二）「大久保利通の『国民国家』」（明治維新史学会編『明治維新の政治と権力』吉川弘文館）
羽賀祥二（一九九二）「明治初期太政官制と『臨機処分』権」（明治維新史学会編『幕藩権力と明治維新』吉川弘文館）
安藤哲（一九九九）『大久保利通と民業奨励』（御茶の水書房）
土屋喬雄（一九三四）「大久保内務卿時代の殖産興業政策㈠㈡」（東京帝国大学経済学会『経済学論集』4－9、10）
立岩寧（二〇〇四）『大久保利通と安積開拓』（青史出版）
勝田政治（二〇〇二）『内務省と明治国家形成』（吉川弘文館）
佐藤誠三郎（一九九二）「大久保利通」（『「死の跳躍」を越えて』都市出版）

さ行

た行

人名索引

【著者紹介】

落合 功（おちあい・こう）

1966年：神奈川県川崎市生まれ
1988年：中央大学文学部史学科国史学専攻卒業
1995年：中央大学大学博士後期課程文学研究科国史学専攻修了
同　年：日本学術振興会特別研究員
1998年：広島修道大学商学部講師
2002年：広島修道大学商学部教授
現　在：青山学院大学経済学部教授　博士（史学）
主な著書・論文：『江戸内湾塩業史の研究』（吉川弘文館，1999年）
『地域形成と近世社会』（岩田書院，2006年）
『近世の地域経済と商品流通』（岩田書院，2007年）
『入門　事例で見る江戸時代』（すいれん舎，2006年）
『新版　入門　日本金融史』（日本経済評論社，2016年）
「明治維新期の財政政策と経済思想」『日本の経済思想世界』（日本経済評論社，2004年）

大久保利通
国権の道は経済から
〈評伝・日本の経済思想〉

2008年7月15日　第1刷発行　定価（本体2500円＋税）
2017年9月5日　第2刷発行

著者　落合　功
発行者　柿﨑　均

発行所　株式会社　日本経済評論社
〒101-0051　東京都千代田区神田神保町3-2
電話 03-3230-1661　FAX 03-3265-2993
URL: http://www.nikkeihyo.co.jp

装幀＊渡辺美知子
印刷＊文昇堂・製本＊誠製本

乱丁落丁本はお取替えいたします。
Printed in Japan
ISBN978-4-8188-2011-1

【本シリーズと日本経済思想史学会】

〈評伝　日本の経済思想〉は、日本経済思想史学会が母体となって刊行しているシリーズです。

この学会は、一九八三年に、故逆井孝仁教授（立教大学）を中心に数名の若手研究者が集まって始めた日本経済思想史研究会が前身ですが、三〇年におよぶ活動の蓄積を踏まえ、二〇一二年に日本経済思想史学会へと名称を変更しました。

本会の発足当時は、日本経済史における思想あるいは経済主体の役割についての研究は必ずしも十分ではなく、また経済学史・経済思想史研究も欧米の事例に片寄りがちでした。本会は、そのような中で、日本経済思想史という分野の発展のために努力を続けて参りました。本シリーズもその一環であり、日本経済思想史研究の活性化を願って、二〇〇八年より順次刊行されております。

経済思想を主題としながらも「評伝」という形をとっているのは、専門家だけでなく広く一般の方々にも「思想」というものに親しみやすく触れていただくことを目的としたからです。また、思想を理解するには、それを生み出した担い手の生活や人生、あるいは時代背景の中に置いてみることが重要だと考えているからでもあります。思想は学者や思想家のみのものではありません。こうした考えから本シリーズでは、経済学者だけにとらわれずに、官僚、政治家、実業家も担い手として取り上げました。そこに一つの特色があるかと存じます。

右のような狙いを持つ本シリーズの刊行により、日本の内外を問わず、日本経済思想史により一層の関心が拡大することを願ってやみません。本シリーズをさらに充実したものにするためにも、読者諸賢より多くのご批判、ご感想を頂戴できましたら幸甚です。

二〇一三年六月　日本経済思想史学会

▶評伝・日本の経済思想◀

寺出道雄（慶應義塾大学）『山田盛太郎』＊
池尾愛子（早稲田大学）『赤松　要』＊
中村宗悦（大東文化大学）『後藤文夫』＊
上久保敏（大阪工業大学）『下村　治』＊
落合　功（広島修道大学）『大久保利通』＊
藤井隆至（新潟大学）『柳田国男』＊
大森一宏（駿河台大学）『森村市左衛門』＊
見城悌治（千葉大学）『渋沢栄一』＊
清水　元（早稲田大学）『北　一輝』＊
西沢　保（一橋大学）『福田徳三』
小室正紀（慶應義塾大学）『福澤諭吉』
齋藤　憲（専修大学）『大河内正敏』＊
仁木良和（立教大学）『岡田良一郎』
川崎　勝（南山大学）『田口卯吉』
山本長次（佐賀大学）『武藤山治』＊
牧野邦昭（摂南大学）『柴田　敬』＊

＊印は既刊